SAXOPHONE HANON

색소폰 하농

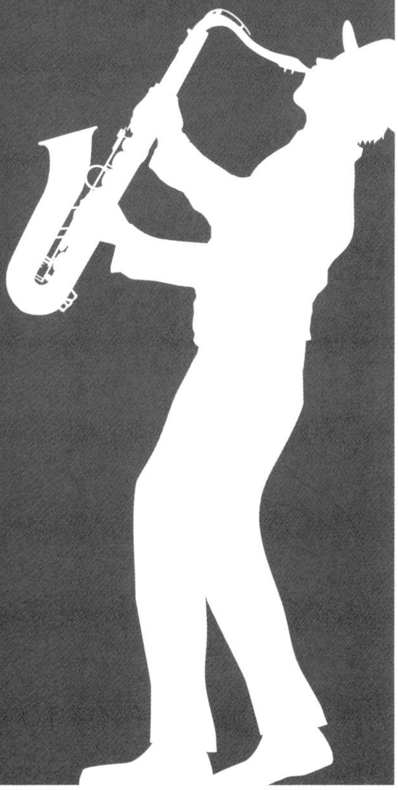

이은용 · 박각규 저

score

SAXOPHONE HANON
색소폰 하농

score

인터넷 강의로 제공되며, 책과 함께 영상을 본다면 원격레슨의 효과를 톡톡히 볼 수 있을 것입니다.
또한 꾸준한 연습은 놀라운 연주력 향상을 경험할 것입니다.

이 책에 담고 있는 내용들은 추후 www.mcmi.co.kr과 유튜브 등에서
인터넷 강의로 제공되며, 책과 함께 영상을 본다면 원격레슨의 효과를 톡톡히 볼 수 있을 것입니다.
또한 꾸준한 연습은 놀라운 연주력 향상을 경험할 것입니다.

머리말

〈색소폰 하농〉은 다양한 연주 활동과 다년간의 강의 경험을 가진 두 명의 프로 색소폰 연주자가 그 동안 수많은 레슨 경험으로 정리해 놓은 자료를 바탕으로 체계적이면서 색소폰에 적합한 에튀드(Etude)를 위하여 공동 집필하였습니다. 이 책은 연주자라면 꼭 연습해야 할 기본적인 필수 테크닉 연습만을 모아 한 권에 담은 색소폰 전문 교재입니다. 다소 어려운 부분은 낮은 속도부터 반복적으로 연습하기를 추천합니다. 색소폰을 연주하는 모든 분들께 도움이 되기를 진심으로 바랍니다.

- 색소포니스트 이은용

쉽지만 항상 연습해야 하는 기초 연습부터 가요에 직접 적용할 수 있는 고급 연습까지 다양한 연습방법을 담고 있습니다. 오랜 레슨 경험을 바탕으로 색소포니스트에게 꼭 필요한 내용을 담았습니다. 피아노를 연주하는 모든 분들이 피아노를 위한 〈하농〉을 거치듯 색소폰을 연주하는 모든 분들이 거쳐야 하는 것이 〈색소폰 하농〉입니다. 이 책에 담긴 내용을 꾸준히 연습한다면 놀라운 색소폰 연주력 향상을 경험할 것입니다.

- 색소포니스트 박각규

Contents

비브라토

리듬 트레이닝

PART. 1

스케일

색소폰 운지를 위한
기본 스케일 연습

스케일

음계 혹은 스케일(Scale)은 어떤 음을 으뜸음으로 하여 일정한 형식에 따라 음을 차례대로 늘어 놓은 것을 말합니다.

메이저 스케일

메이저 스케일(Major Scale)이란 어떤 음을 근음으로 해서 3~4번째 음과 7~8번째 음 사이는 반음 간격, 나머지 음 사이는 모두 온음 간격인 것을 말합니다. 여기서 온음은 반음이 두 개인 것을 뜻합니다. 메이저 스케일의 기본은 C Major Scale입니다. '도레미파솔라시도' 를 보면 도를 근음으로 음을 쭉 나열해 놓았지요? 여기서 미와 파 사이, 시와 도 사이가 반음 간격이 됩니다. 피아노로 확인해 보면 미~파 사이와 시~도 사이에 검은 건반이 없는 것을 확인할 수 있습니다. 이 책에서 각 음마다 시작하는 메이저 스케일을 연습해 보도록 합니다.

펜타토닉 스케일

펜타토닉 스케일(Pentatonic Scale)이란 5개의 음으로 이루어진 음계를 말하며, 메이저 펜타토닉 스케일은 메이저 스케일에서 1, 2, 3, 5, 6음을 사용하며 4, 7음은 제외됩니다. 마이너 펜타토닉 스케일은 나란한 조로, 메이저 펜타토닉 스케일과 구성 음은 같으나, 메이저의 6음(단조)에서 출발하면 마이너 펜타토닉이 됩니다.

펜타토닉은 스케일 중에 반음이 없기 때문에 불협음이 없어 범용적으로 활용이 가능한 스케일이라 할 수 있습니다. 또한 5개 음만의 독립적인 조합으로 키의 코드 눈치를 보지 않는 스케일이기도 합니다. 간혹 재즈 뮤지션들이 펜타토닉 스케일을 곡의 중간중간에 사용하여 매력적인 사운드를 들려주기도 합니다.

대부분의 가요나 팝, 트로트, 민요 등 많은 음악들이 펜타토닉 스케일로 이루어져 있으므로 펜타토닉 스케일 연습은 가요 연주와 애드립 적용에 아주 유용합니다. 마이너 펜타토닉 스케일과 블루스 스케일은 많은 연관성이 있으므로 블루스 스케일 연습 전에 마이너 펜타토닉 연습이 선행되어야 합니다.

블루스 스케일

블루스 스케일(Blues Scale)은 마이너 펜타토닉 스케일에서 반음을 내린 5음(♭5, 블루노트)을 추가하여 기존의 펜타토닉 스케일에서 더욱더 블루지한 느낌을 주는 고급 스케일입니다. 가요나 팝 등에 블루스 스케일을 적용한 애드립을 적용한다면 더욱 고급스러운 느낌을 줄 수 있습니다.

색소폰 연주의 기본기를 쌓고 싶다면 스케일 연습을 즐겨보세요.

기본 색소폰 운지를 익히고 안정된 음을 낼 수 있게 되면, 많은 연주자들이 스케일 연습을 합니다. 곡을 자연스럽게 연주하기 위해서는 반드시 필요한 연습이 스케일 연습이며, 중요한 기본 연습 중 하나입니다.

* 프로 연주자들도 스케일 연습의 중요성을 누구보다 잘 알기 때문에, 매일 반복적으로 스케일 연습을 합니다.

중요한 스케일 연습 방법

1. 스케일 연습은 테크닉을 향상시켜 주는 연습이므로, 메트로놈의 정확한 박자에 맞추어 이성적으로 연습합니다.

2. 매일 반복적으로 연습합니다.

3. 느린 박자부터 빠른 박자까지 정확한 운지로 연습합니다.

4. 메트로놈에 맞춰 ♩= 60~180까지 점점 속도를 내어 정확하게 연습합니다.

5. 스케일의 한음 한음이 고르게 되도록 신중하게 연습합니다.

6. 텅잉과 손가락 움직임의 밸런스에 주의하며 연습합니다.

* 스케일 연습은 고급과정의 연주곡을 멋지게 연주하기 위한 필수 연습이므로 꼭 명심하기 바랍니다.

메트로놈 사용법

아이오나 보이스 메트로놈(Iona Voice Metronome)

스케일 연습을 할 때에는 메트로놈을 틀어놓고 연습하는 것이 필수적입니다. 요즈음은 휴대하기 편하게 핸드폰 앱으로도 많은 메트로놈이 출시되어 있습니다. 특히, 아이오나 보이스 메트로놈은 레슨 때와 최대한 비슷한 환경에서 박자 연습을 할 수 있도록 설계된 스마트폰 어플로, 레슨 받을 때처럼 선생님의 목소리에 맞춰 박자를 익혀보면 좋습니다. 천천히부터 빠르게까지 정확한 템포에서 연습하도록 합니다.

C Major Scale

스케일 · 3도 도약 스케일

중급
스케일
3도 도약
스케일
5
* 위로는 두 옥타브 레(D)까지, 아래로는 시(B)까지 정확한 박자에 맞추어 연습하세요.

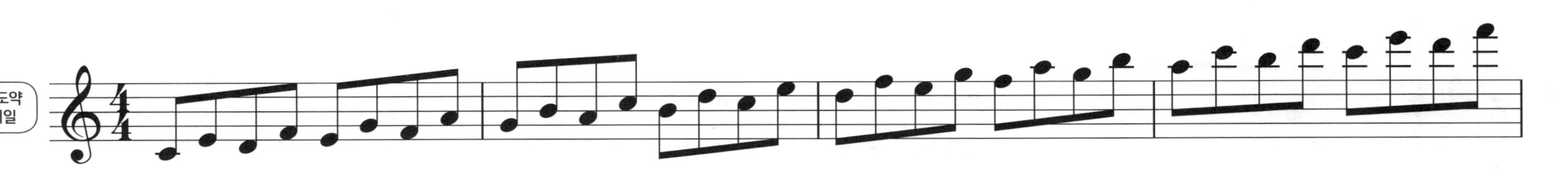

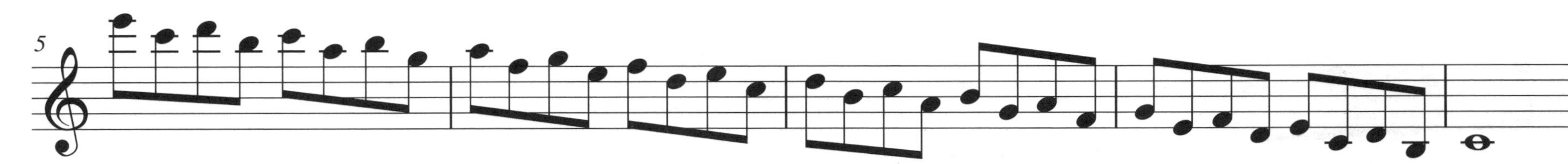

* 위로는 두 옥타브 파(F)까지, 아래로는 시(B)까지 정확한 박자에 맞추어 연습하세요.

G Major Scale

스케일 · 3도 도약 스케일

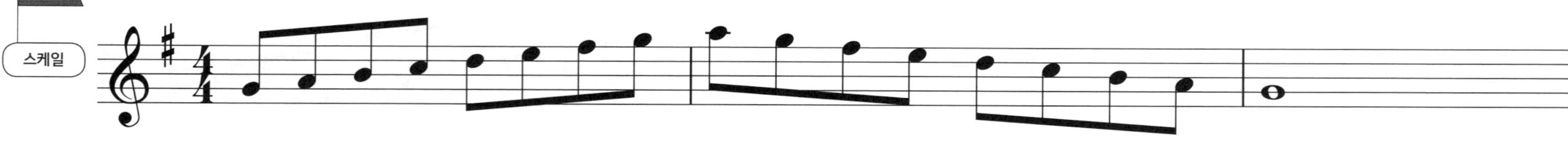

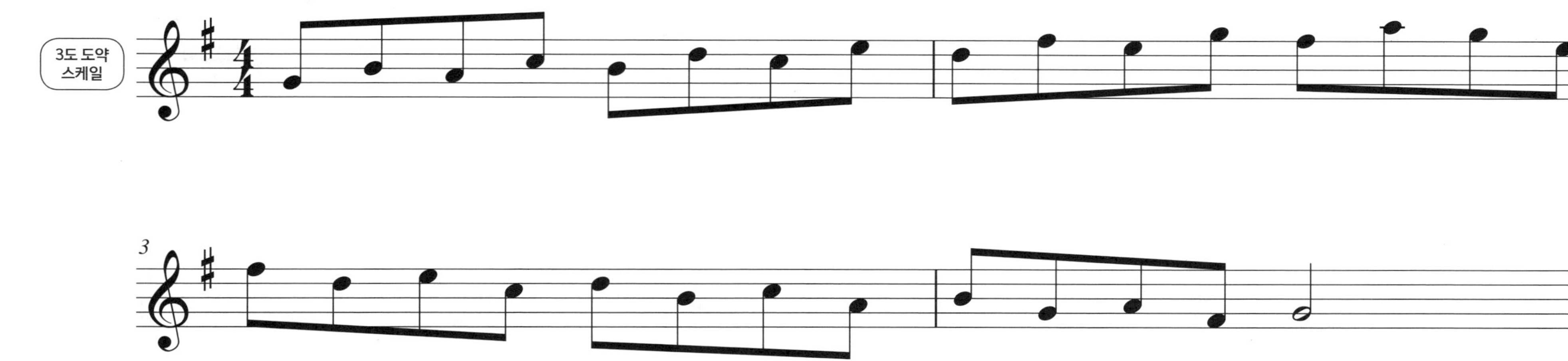

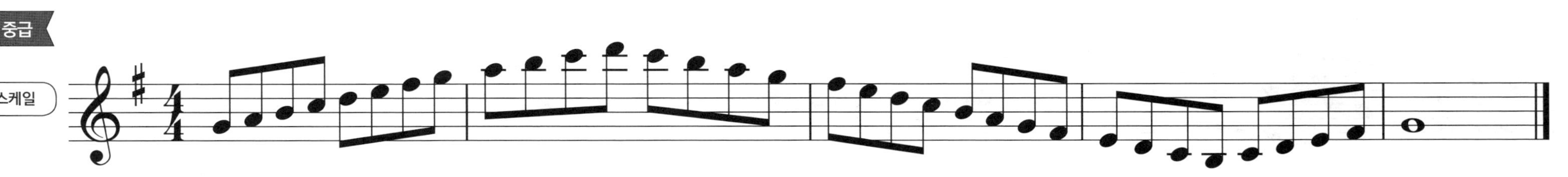

* 위로는 두 옥타브 레(D)까지, 아래로는 시(B)까지 정확한 박자에 맞추어 연습하세요.

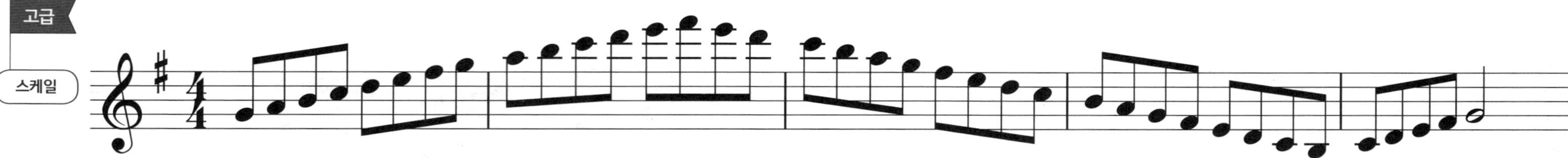

* 위로는 두 옥타브 파#(F#)까지, 아래로는 시(B)까지 정확한 박자에 맞추어 연습하세요.

D Major Scale

스케일 · 3도 도약 스케일

중급

스케일

3도 도약 스케일

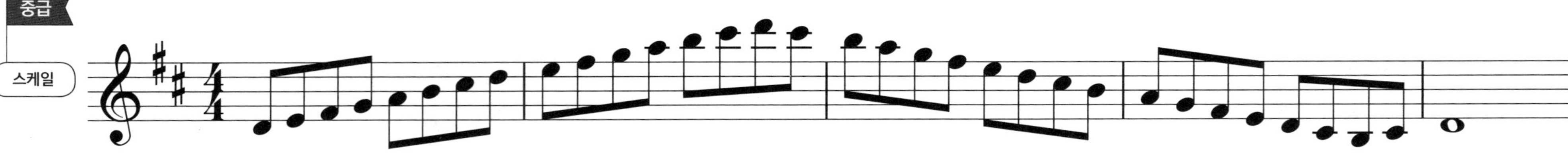

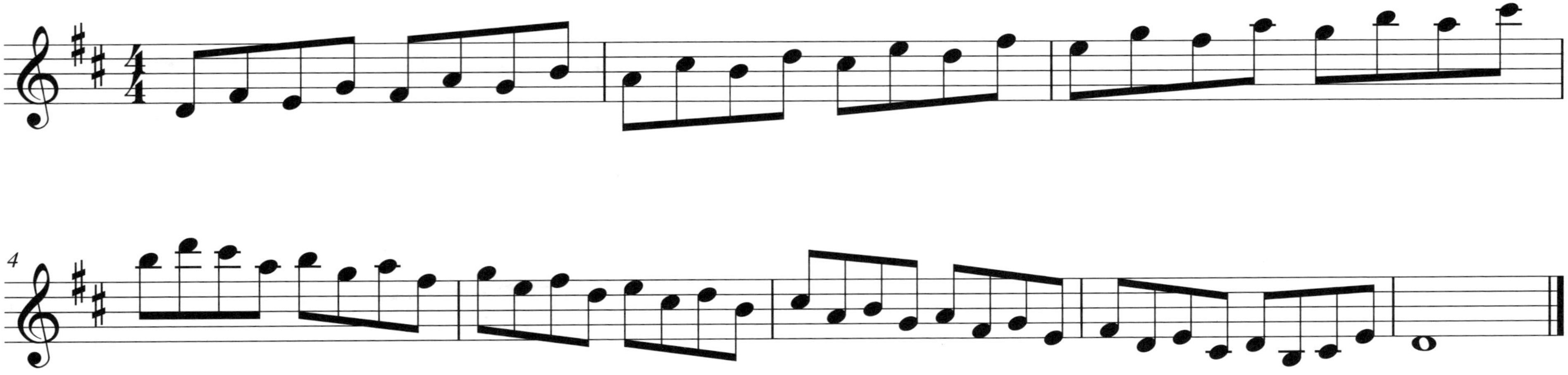

* 위로는 두 옥타브 레(D)까지, 아래로는 시(B)까지 정확한 박자에 맞추어 연습하세요.

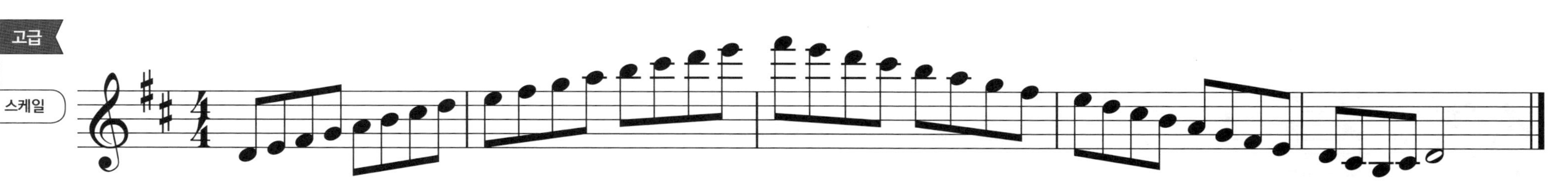

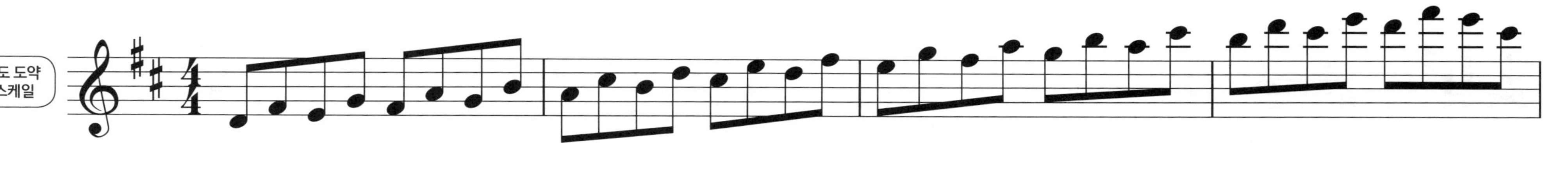

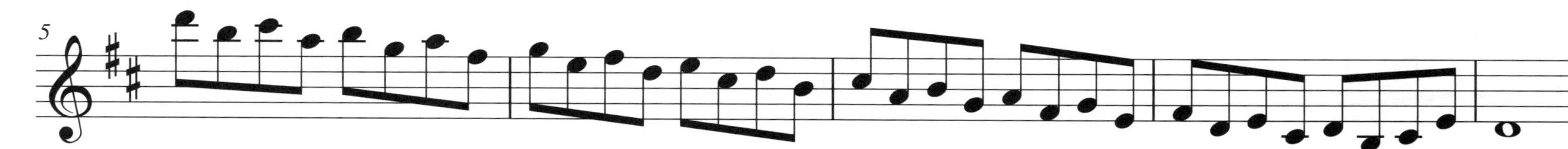

* 위로는 두 옥타브 파♯(F♯)까지, 아래로는 시(B)까지 정확한 박자에 맞추어 연습하세요.

A Major Scale

스케일 · 3도 도약 스케일

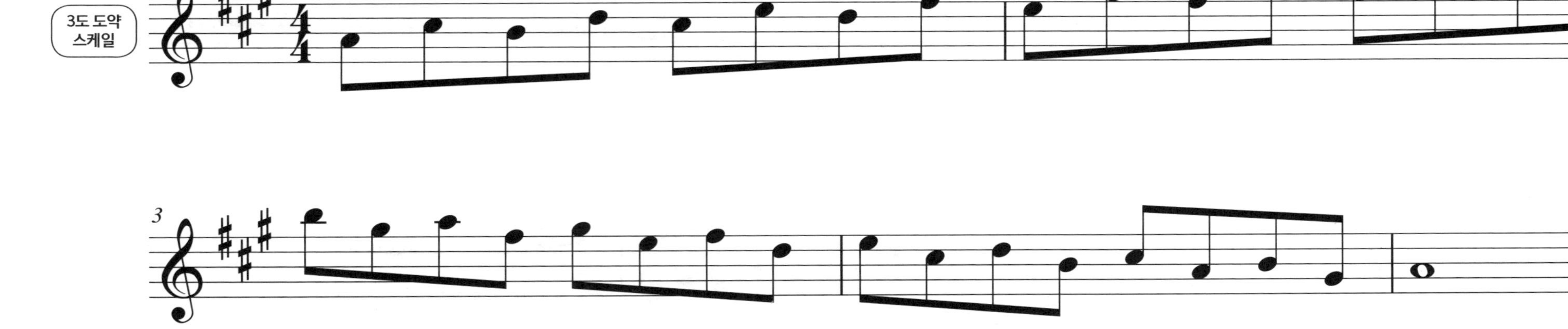

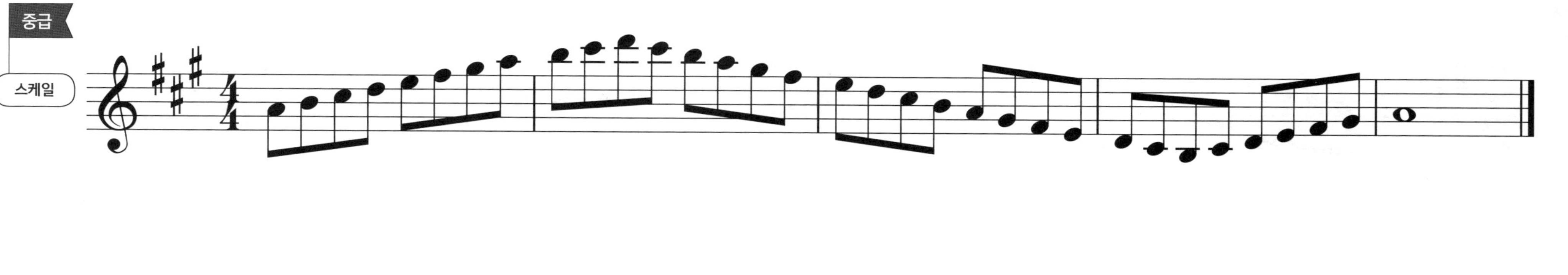

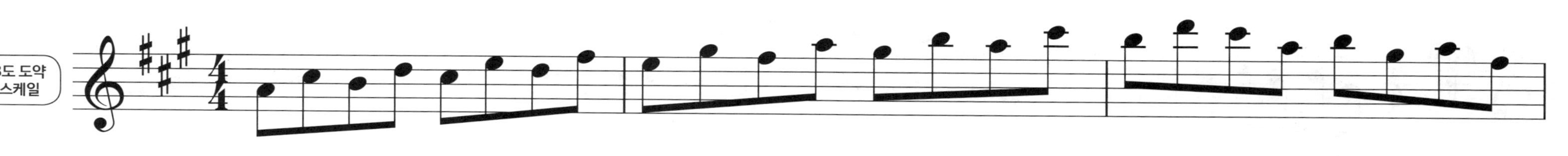

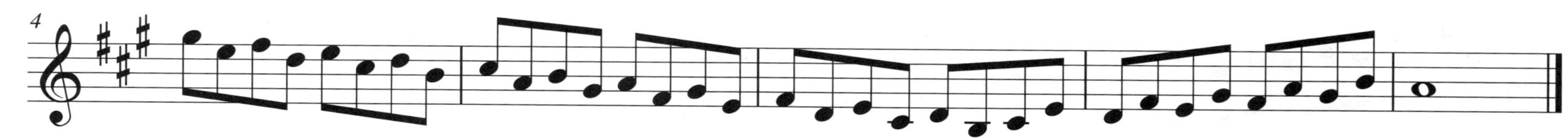

* 위로는 두 옥타브 레(D)까지, 아래로는 시(B)까지 정확한 박자에 맞추어 연습하세요.

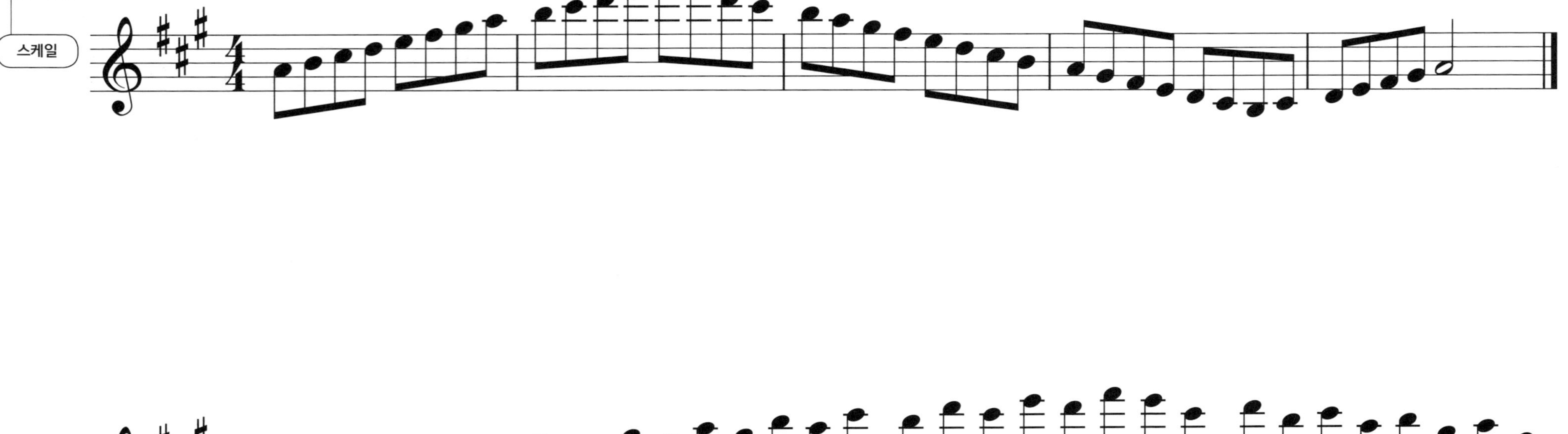

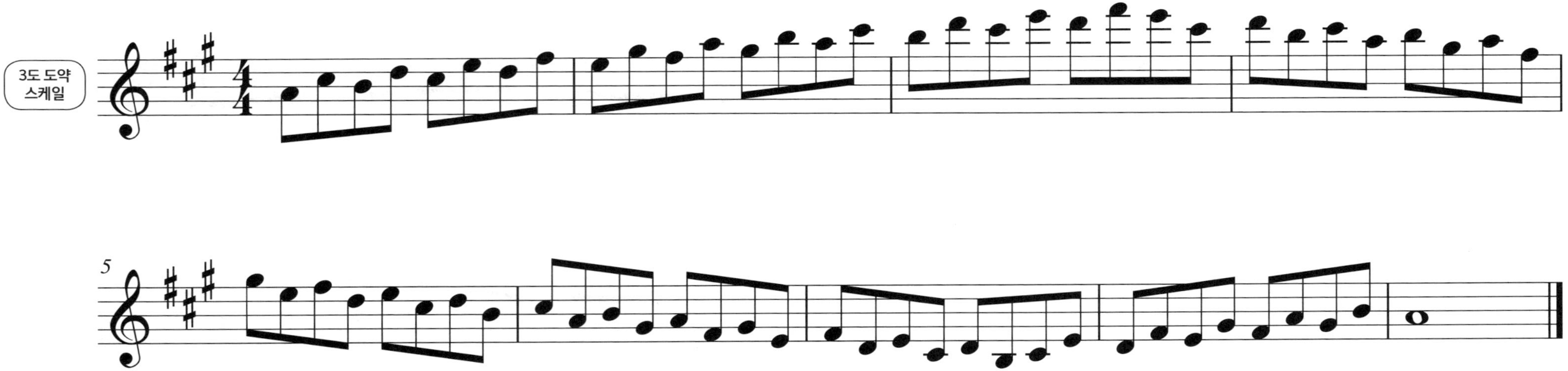

* 위로는 두 옥타브 파#(F#)까지, 아래로는 시(B)까지 정확한 박자에 맞추어 연습하세요.

E Major Scale

스케일 · 3도 도약 스케일

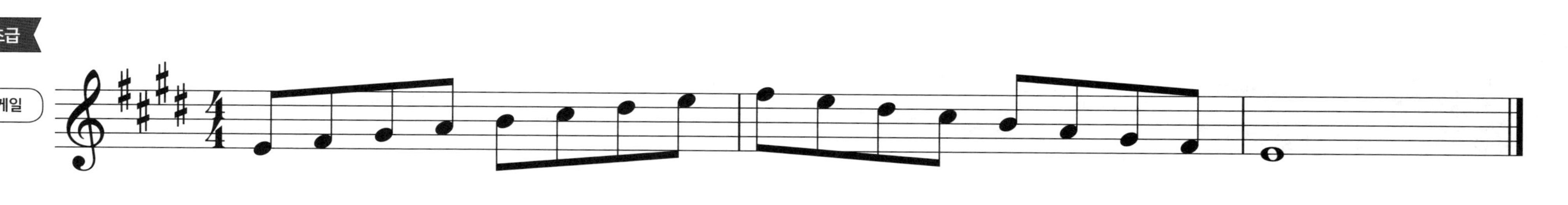

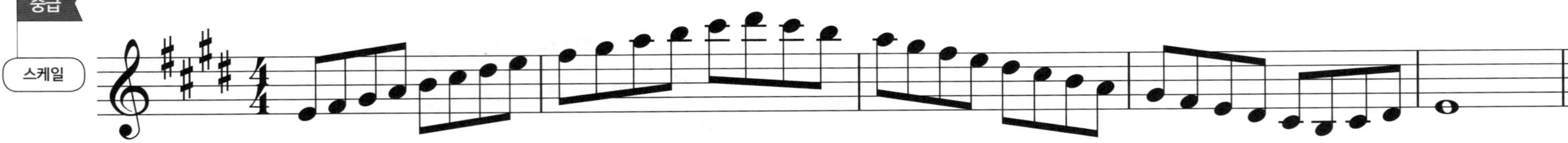

* 위로는 두 옥타브 레♯(D♯)까지, 아래로는 시(B)까지 정확한 박자에 맞추어 연습하세요.

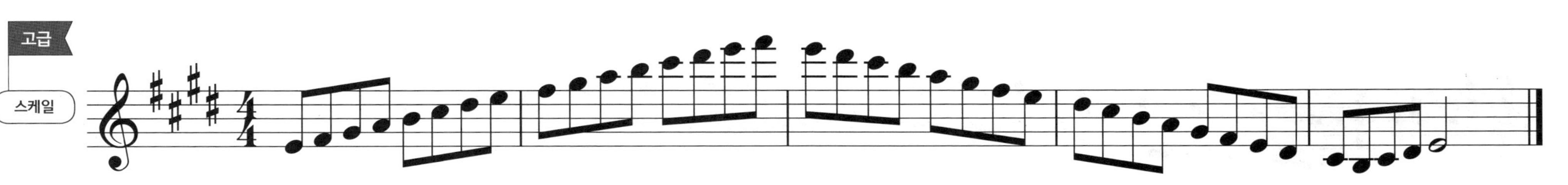

* 위로는 두 옥타브 파#(F#)까지, 아래로는 시(B)까지 정확한 박자에 맞추어 연습하세요.

B Major Scale

스케일 · 3도 도약 스케일

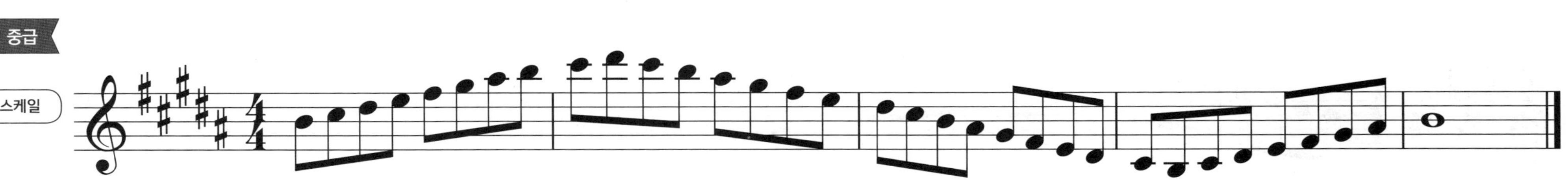

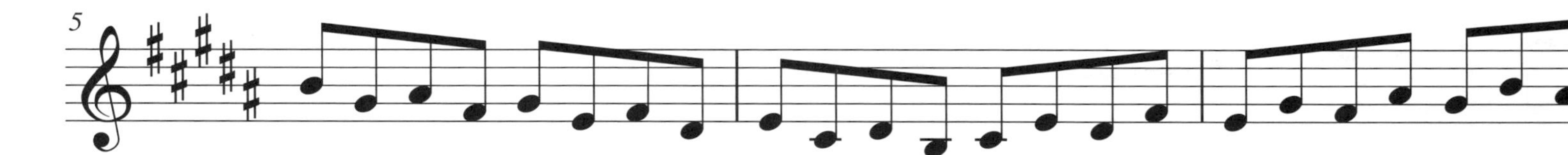

* 위로는 두 옥타브 레#(D#)까지, 아래로는 시(B)까지 정확한 박자에 맞추어 연습하세요.

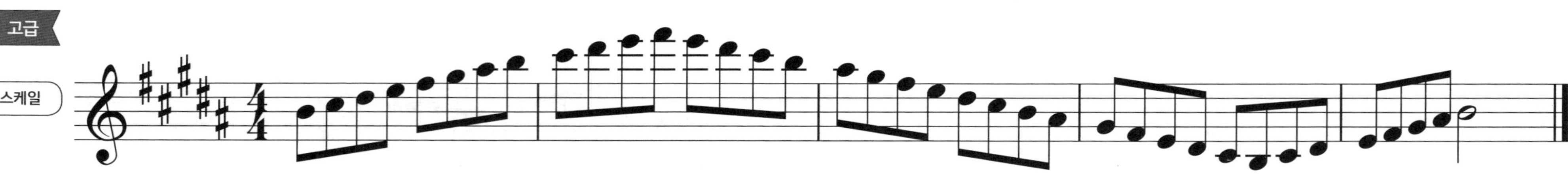

* 위로는 두 옥타브 파#(F#)까지, 아래로는 시(B)까지 정확한 박자에 맞추어 연습하세요.

F♯ Major Scale

스케일 · 3도 도약 스케일

* 위로는 두 옥타브 레#(D#)까지, 아래로는 시(B)까지 정확한 박자에 맞추어 연습하세요.

고급

스케일

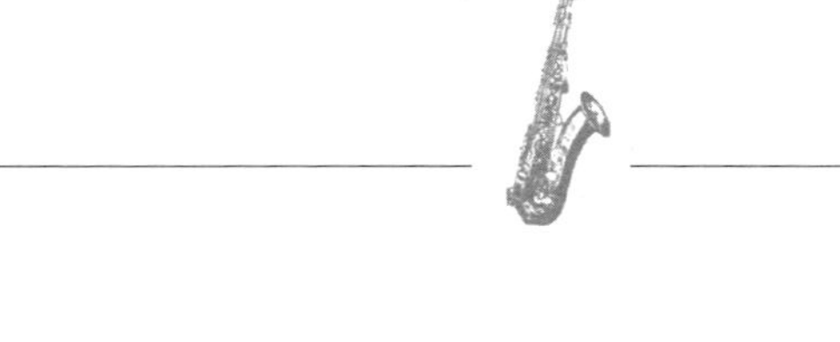

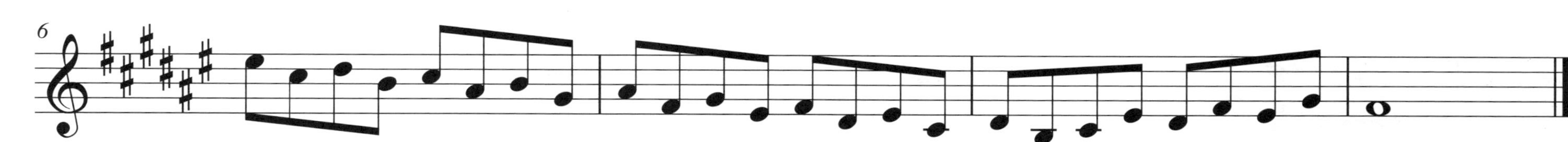

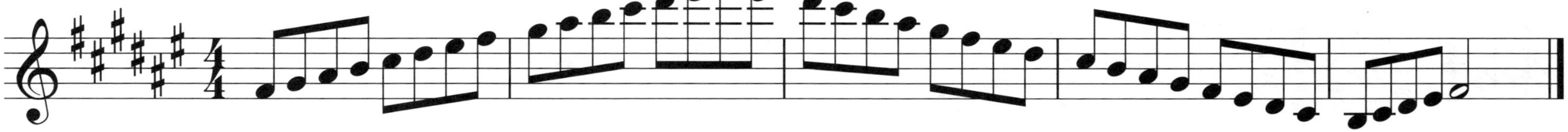

3도 도약 스케일

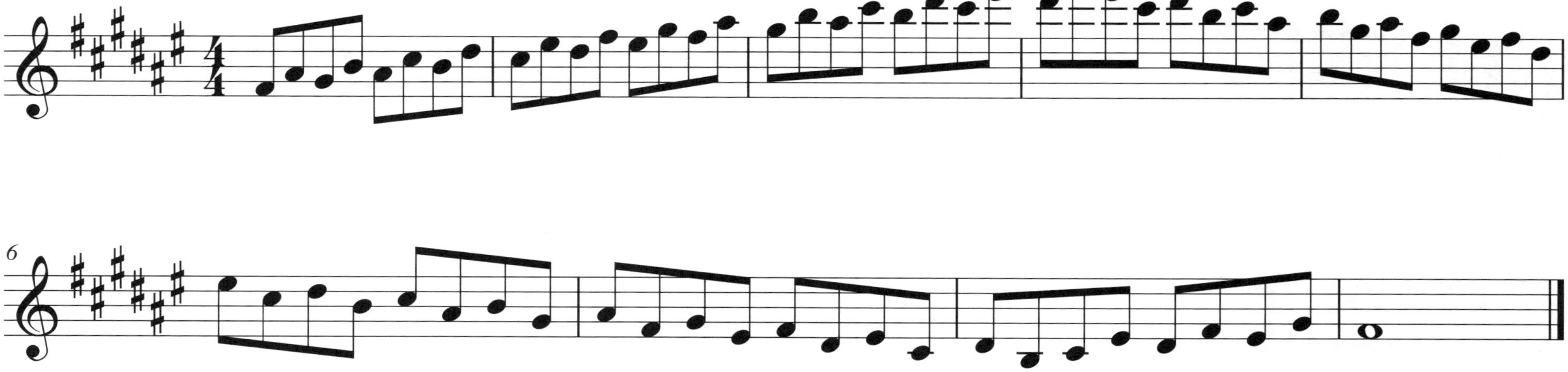

* 위로는 두 옥타브 파#(F#)까지, 아래로는 시(B)까지 정확한 박자에 맞추어 연습하세요.

F Major Scale

스케일 · 3도 도약 스케일

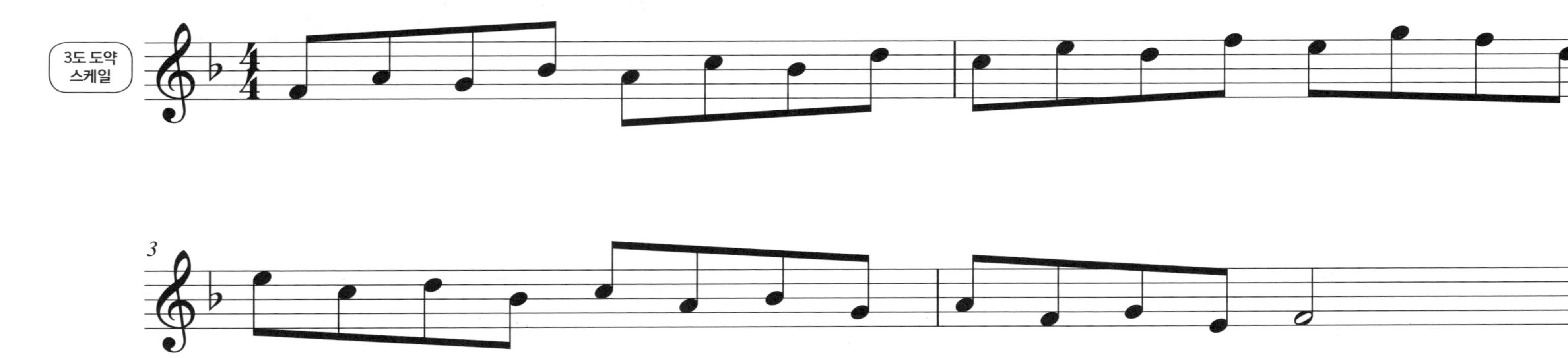

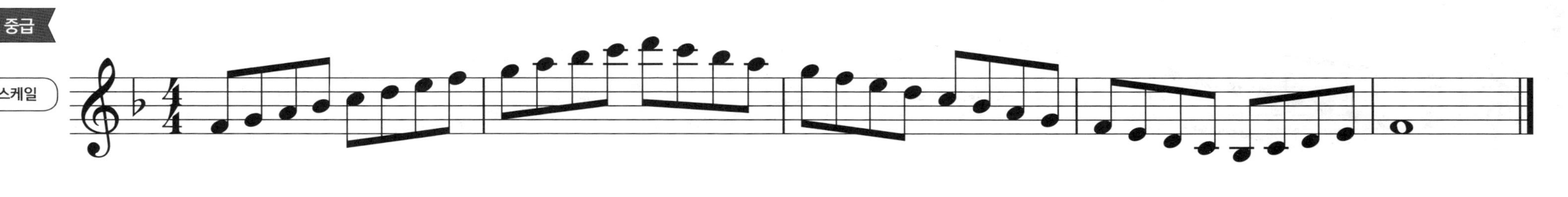

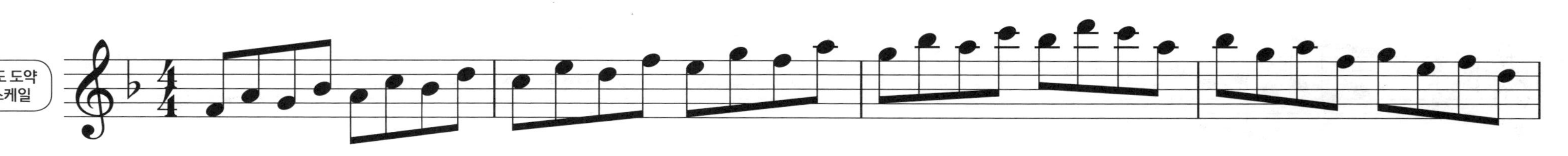

* 위로는 두 옥타브 레(D)까지, 아래로는 시♭(B♭)까지 정확한 박자에 맞추어 연습하세요.

* 위로는 두 옥타브 파(F)까지, 아래로는 시♭(B♭)까지 정확한 박자에 맞추어 연습하세요.

B♭ Major Scale

스케일 · 3도 도약 스케일

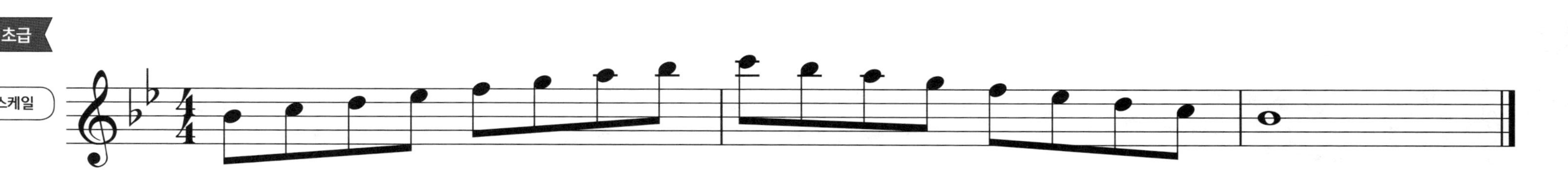

중급

스케일

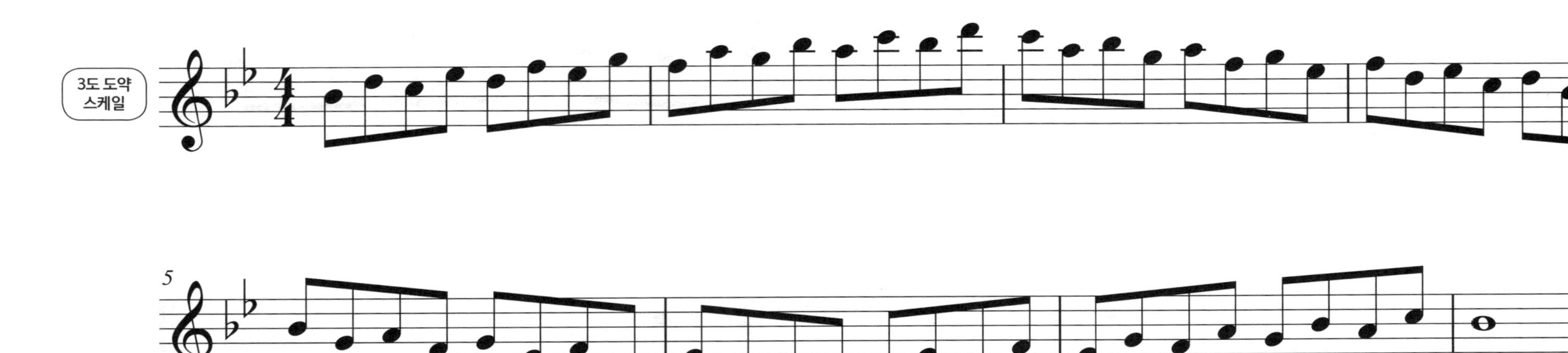

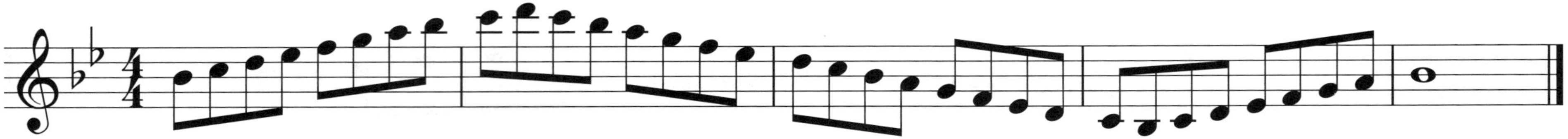

3도 도약 스케일

* 위로는 두 옥타브 레(D)까지, 아래로는 시♭(B♭)까지 정확한 박자에 맞추어 연습하세요.

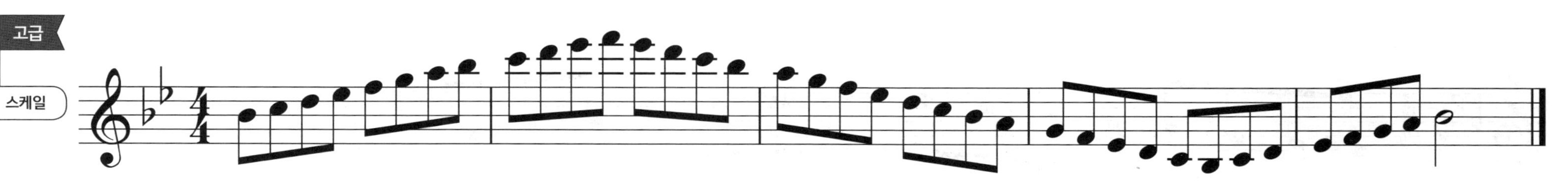

* 위로는 두 옥타브 파(F)까지, 아래로는 시♭(B♭)까지 정확한 박자에 맞추어 연습하세요.

E♭ Major Scale

스케일 · 3도 도약 스케일

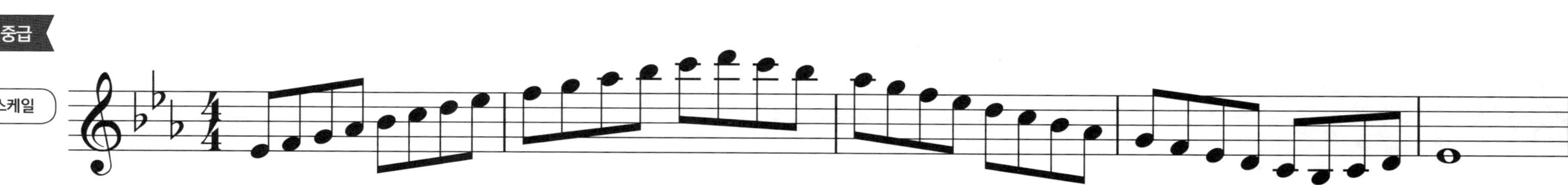

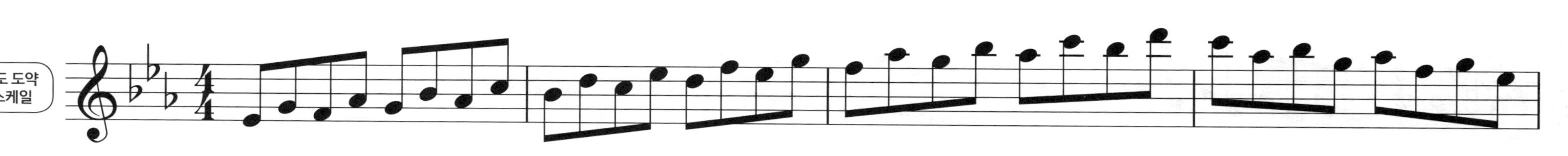

* 위로는 두 옥타브 레(D)까지, 아래로는 시♭(B♭)까지 정확한 박자에 맞추어 연습하세요.

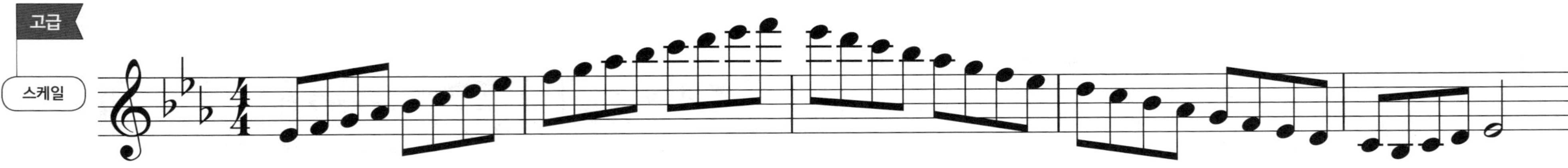

* 위로는 두 옥타브 파(F)까지, 아래로는 시♭(B♭)까지 정확한 박자에 맞추어 연습하세요.

A♭ Major Scale

스케일 · 3도 도약 스케일

* 위로는 두 옥타브 레♭(D♭)까지, 아래로는 시♭(B♭)까지 정확한 박자에 맞추어 연습하세요.

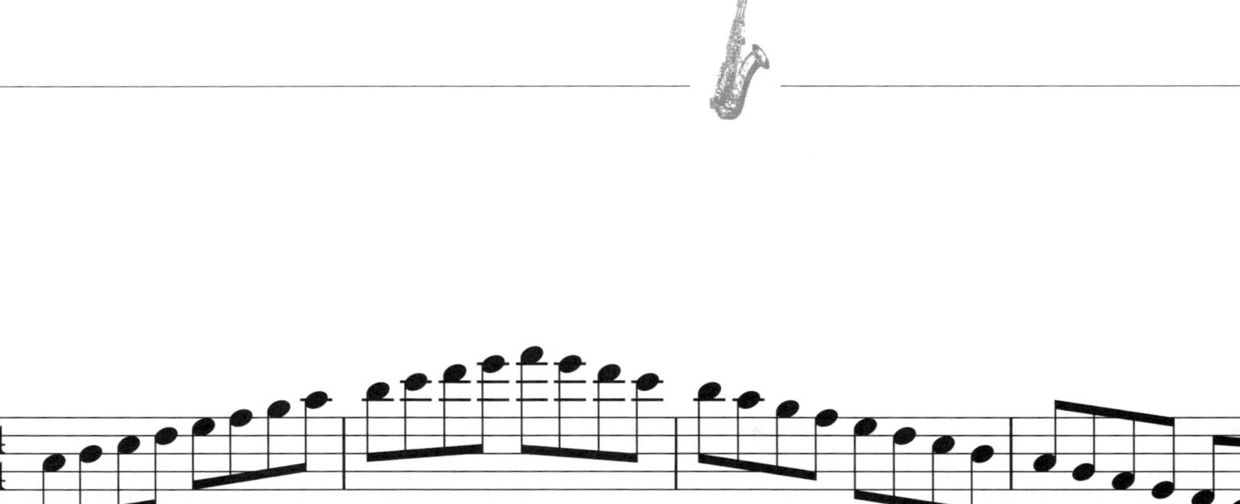

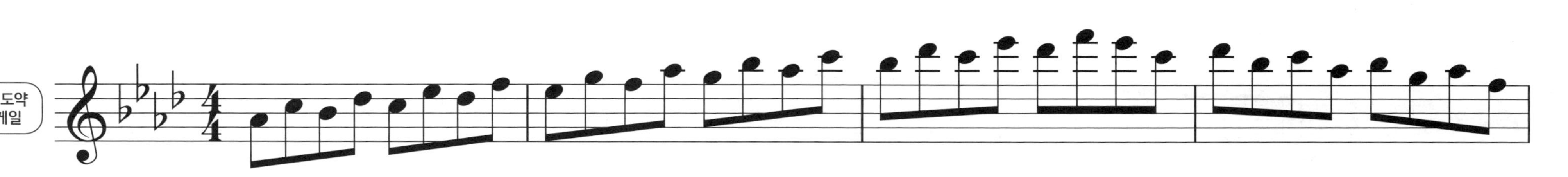

* 위로는 두 옥타브 파(F)까지, 아래로는 시♭(B♭)까지 정확한 박자에 맞추어 연습하세요.

D♭ Major Scale

스케일 · 3도 도약 스케일

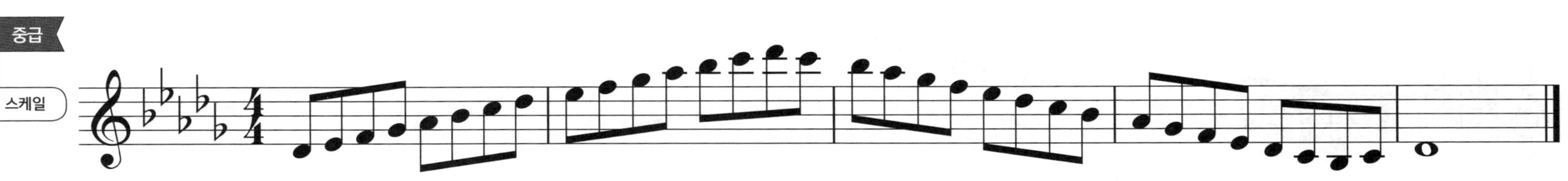

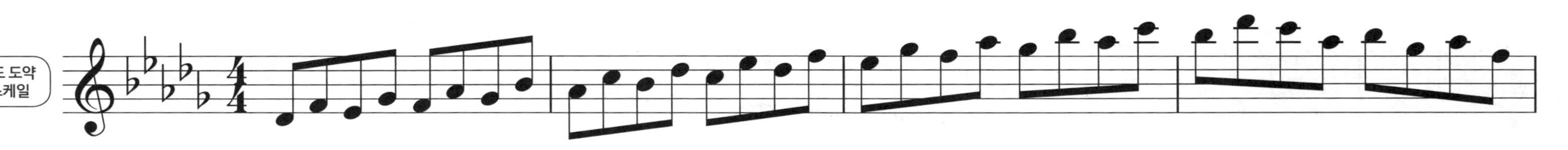

* 위로는 두 옥타브 레♭(D♭)까지, 아래로는 시♭(B♭)까지 정확한 박자에 맞추어 연습하세요.

* 위로는 두 옥타브 파(F)까지, 아래로는 시♭(B♭)까지 정확한 박자에 맞추어 연습하세요.

클래식 스케일 연습 Ⅰ

클래식 스케일 연습 III

클래식 스케일 연습 Ⅳ

클래식 스케일 연습 V

클래식 스케일 연습 VII

C Major Pentatonic Scale
펜타토닉 스케일
구성음
연습패턴-1
연습패턴-2
연습패턴-3

A minor Pentatonic Scale
펜타토닉 스케일

G Major Pentatonic Scale

펜타토닉 스케일

E minor Pentatonic Scale

펜타토닉 스케일

D Major Pentatonic Scale

펜타토닉 스케일

B minor Pentatonic Scale

펜타토닉 스케일

A Major Pentatonic Scale

펜타토닉 스케일

F♯ minor Pentatonic Scale
펜타토닉 스케일
구성음
연습패턴-1
연습패턴-2
연습패턴-3

E Major Pentatonic Scale

펜타토닉 스케일

C♯ minor Pentatonic Scale

펜타토닉 스케일

B Major Pentatonic Scale

펜타토닉 스케일

G♯ minor Pentatonic Scale

펜타토닉 스케일

F# Major Pentatonic Scale
펜타토닉 스케일
구성음
연습패턴-1
연습패턴-2
연습패턴-3

D♯ minor Pentatonic Scale
펜타토닉 스케일

C# Major Pentatonic Scale
펜타토닉 스케일
구성음
연습패턴-1
연습패턴-2
연습패턴-3

A♯ minor Pentatonic Scale
펜타토닉 스케일
구성음
연습패턴-1
연습패턴-2
연습패턴-3

F Major Pentatonic Scale

펜타토닉 스케일

D minor Pentatonic Scale

펜타토닉 스케일

B♭ Major Pentatonic Scale

펜타토닉 스케일

G minor Pentatonic Scale

펜타토닉 스케일

E♭ Major Pentatonic Scale

펜타토닉 스케일

C minor Pentatonic Scale
펜타토닉 스케일
구성음
연습패턴-1
연습패턴-2
연습패턴-3

A♭ Major Pentatonic Scale

펜타토닉 스케일

F minor Pentatonic Scale
펜타토닉 스케일
구성음
연습패턴-1
연습패턴-2
연습패턴-3

D♭ Major Pentatonic Scale

펜타토닉 스케일

B♭ minor Pentatonic Scale

펜타토닉 스케일

G♭ Major Pentatonic Scale

펜타토닉 스케일

E♭ minor Pentatonic Scale

펜타토닉 스케일

A Blues Scale

블루스 스케일

E Blues Scale
블루스 스케일

B Blues Scale

블루스 스케일

F♯ Blues Scale

블루스 스케일

C# Blues Scale

블루스 스케일

G♯ Blues Scale

블루스 스케일

D♯ Blues Scale
블루스 스케일

A♯ Blues Scale

블루스 스케일

D Blues Scale
블루스 스케일

G Blues Scale

블루스 스케일

C Blues Scale

블루스 스케일

F Blues Scale

블루스 스케일

Bb Blues Scale
블루스 스케일

E♭ Blues Scale

블루스 스케일

중저음 손가락 연습

메트로놈에 맞춰 ♩= 60~180까지 점점 속도를 내어 정확하게 연습하고
익숙해지면 부점(♪♩)으로도 연습해보세요.
도돌이표는 여러 번 반복하여 연습합니다.

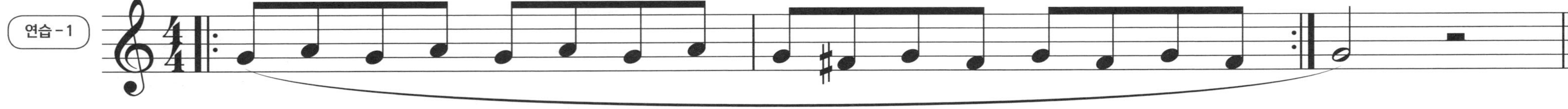

연습 - 3

연습 - 4

연습 - 5

연습 - 6

연습 - 7

연습 - 8 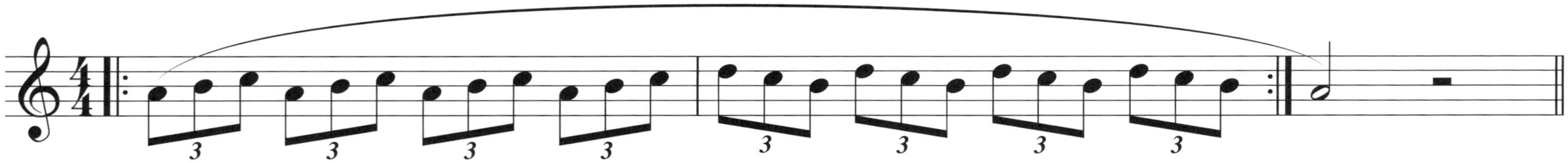
3 3 3 3 3 3 3 3
* 3연음 연습은 3연음의 앞 음과 끝 음에 악센트를 넣어가며 연습합니다.
연습 - 9 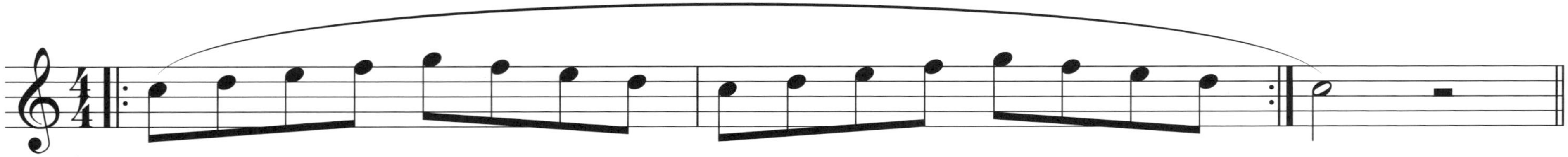
연습 - 10 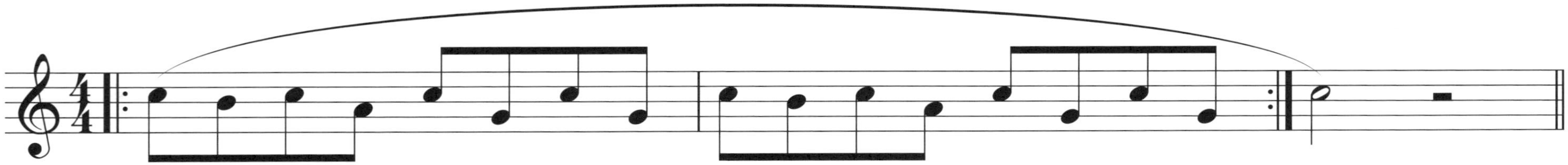
연습 - 11 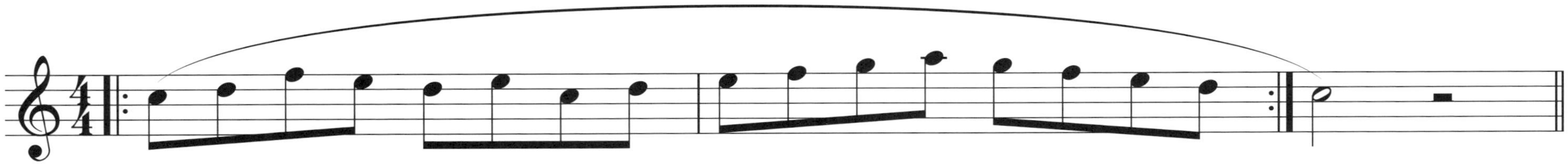
연습 - 12

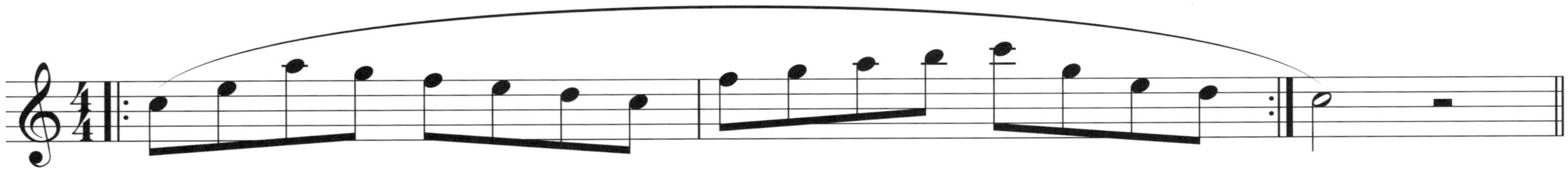

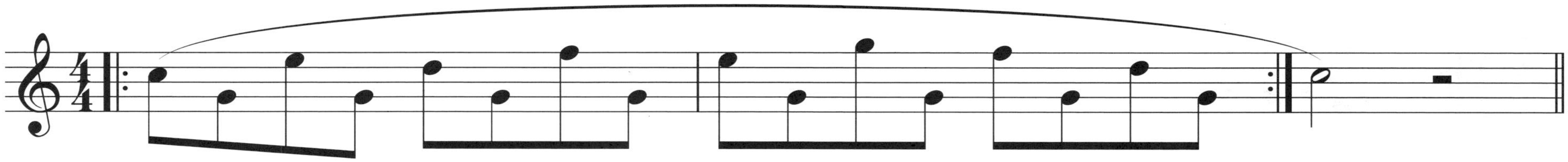

* 1옥타브 부분은 노래할 때 목의 근육을 사용하는 것처럼 연주해야 합니다.

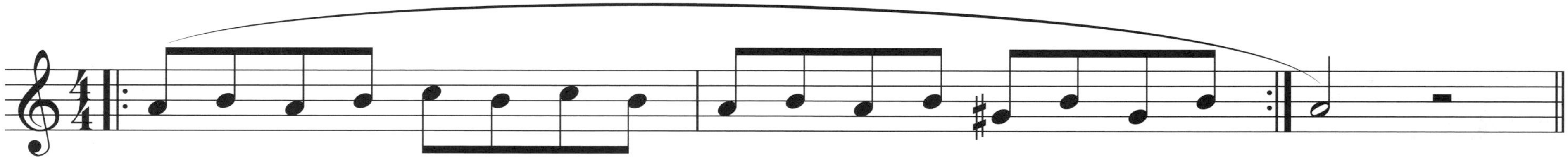

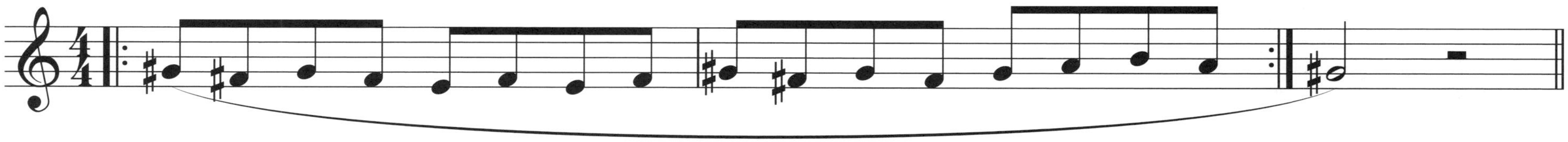

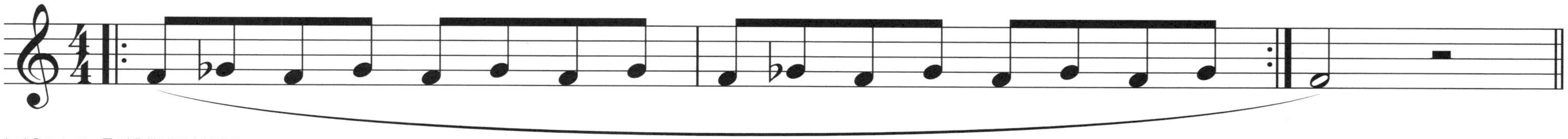

* G♭은 Side Key를 사용하여 연습하세요.

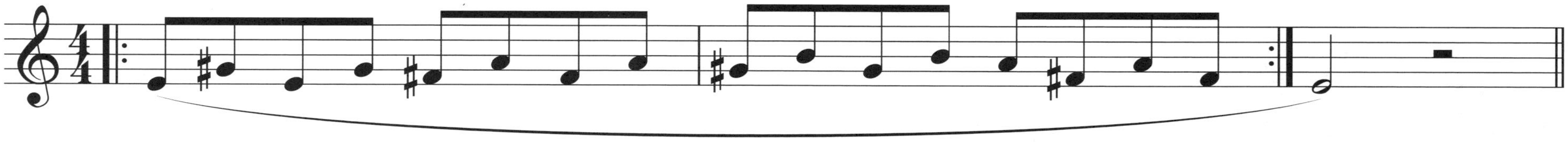

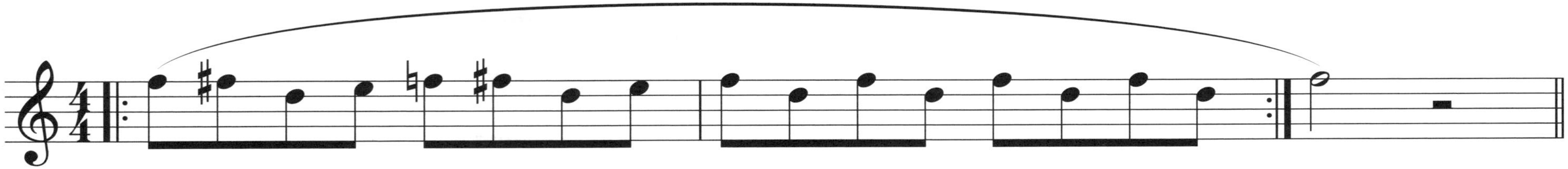

* 옥타브 차이의 같은 멜로디 라인은 한 옥타브 차이로 인해 근육의 움직임이 달라지기 때문에 꼭 두 가지를 병행하여 연습해야만 합니다.

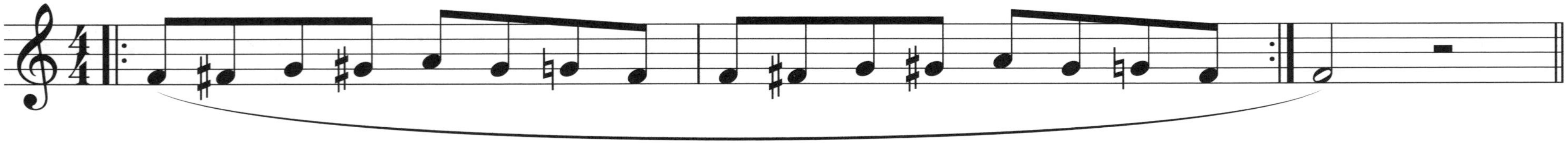

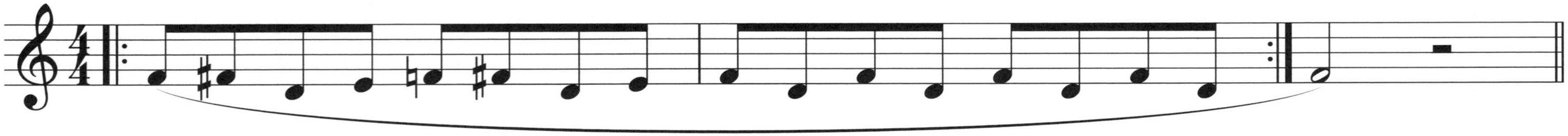

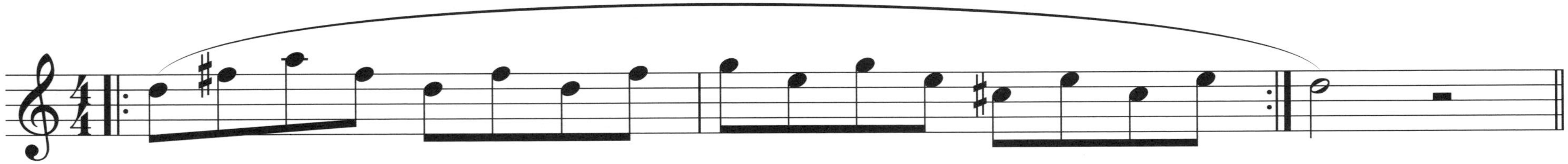

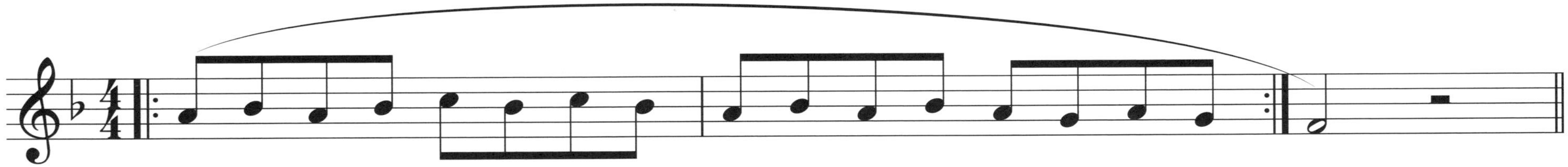

연습 - 23
연습 - 24
연습 - 25
연습 - 26
연습 - 27

연습 - 28
연습 - 29
연습 - 30
연습 - 31
연습 - 32

연습 – 33 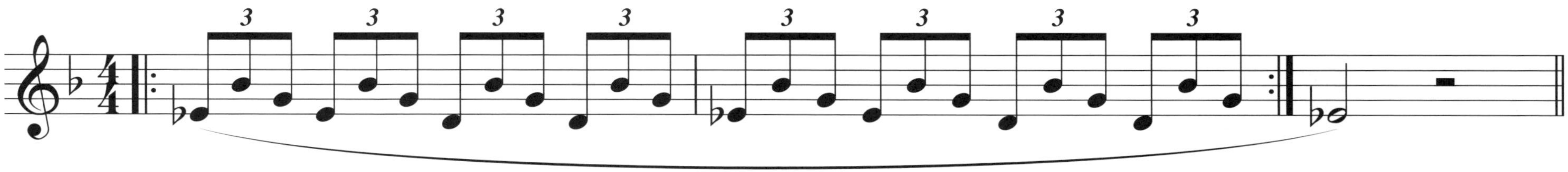
연습 – 34 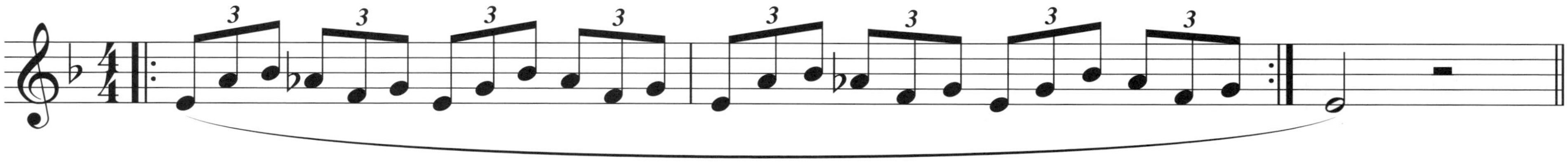
연습 – 35 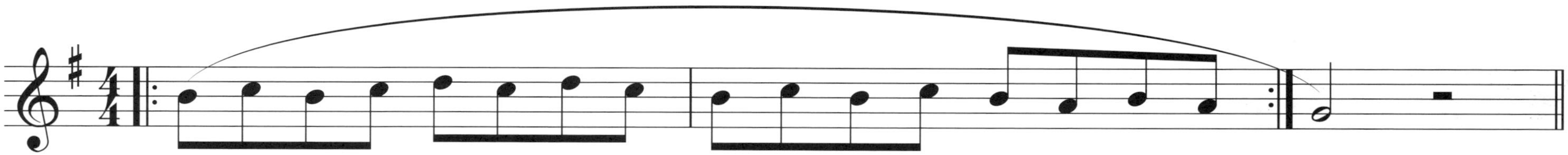
연습 – 36 
연습 – 37

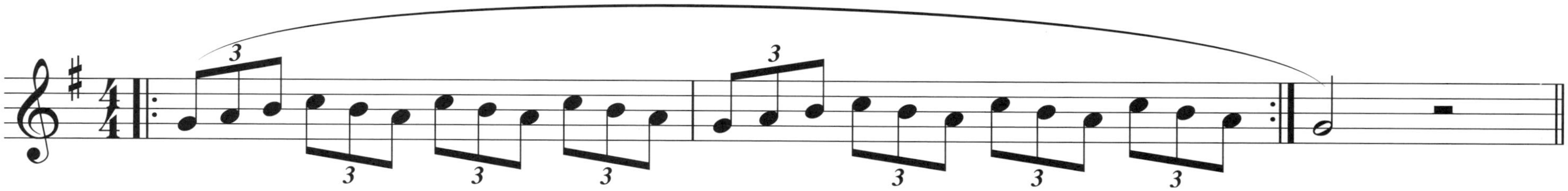

연습 – 38
연습 – 39
3 3 3 3 3 3 3 3
연습 – 40
연습 – 41
연습 – 42

연습 - 43 
연습 - 44 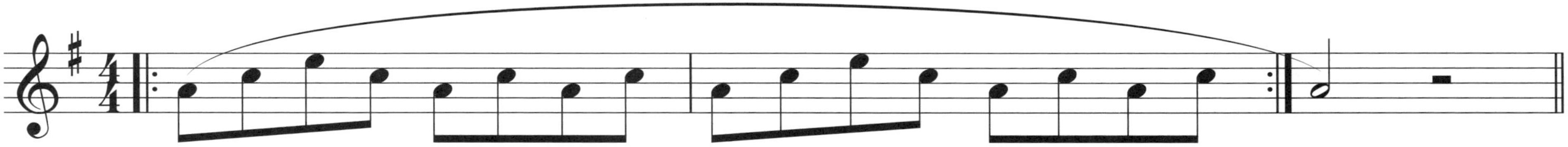
연습 - 45 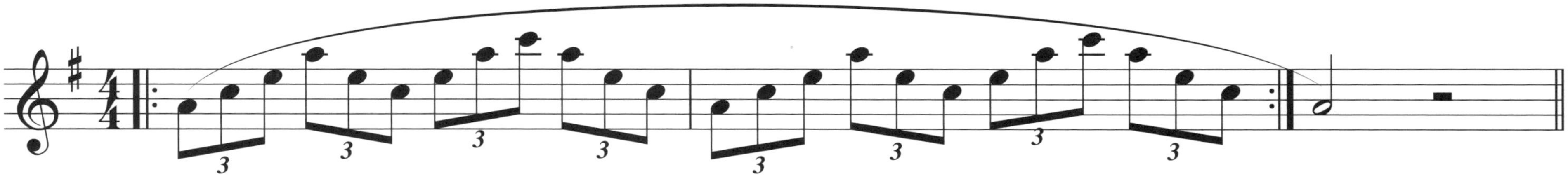
연습 - 46 
연습 - 47
3

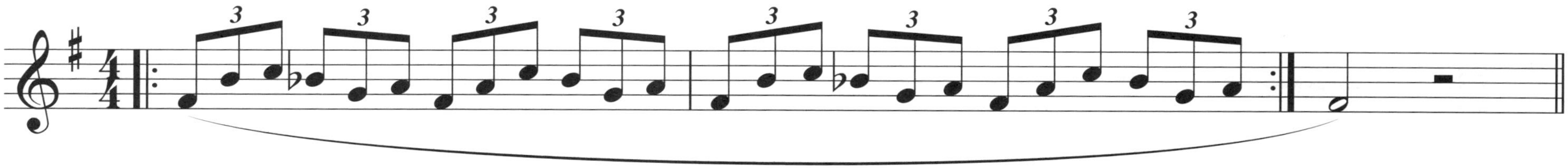

고음 손가락 연습

기초 과정을 거쳐 곡을 연주하게 되는 중급과정으로 들어서면서, 곡 연습에만 집중하느라
테크닉 연습에 소홀한 연주자들이 많습니다. 곡을 연습하는 만큼 테크닉 연습에 많은 투자를 해야 하는데
특히 옥타브 연습은 더 중요합니다. 곡을 연주하고 완성하기까지 고음부분의 테크닉 연습에 더 집중해보세요.
고음을 부드럽게 연결시킬 수 있는 중요한 연습이 될 것입니다.

TIP

메트로놈에 맞춰 ♩= 60~180까지 점점 속도를 내어
정확하게 연습하고 익숙해지면 부점(♫)으로도 연습해보세요.
도돌이표는 여러 번 반복하여 연습합니다.

연습 - 3

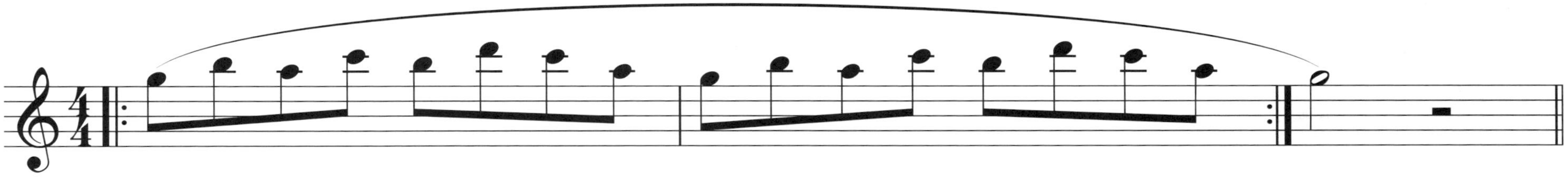

연습 - 4

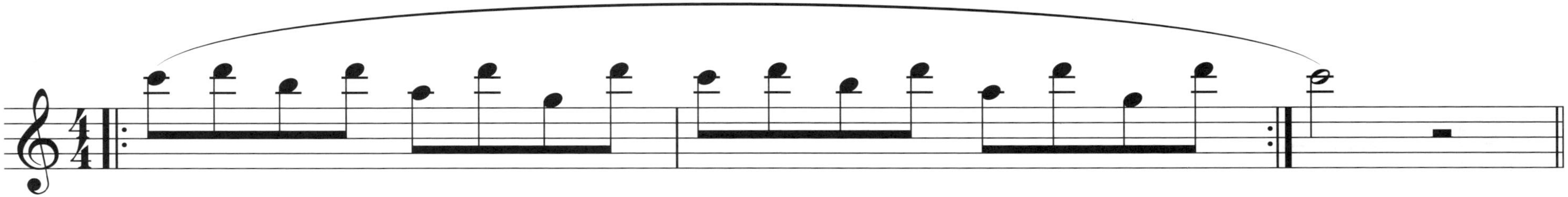

연습 - 5

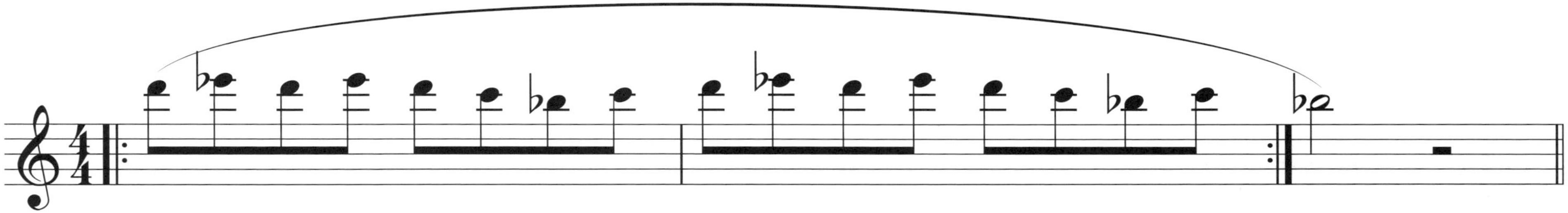

연습 - 6

연습 - 7

연습 - 8 
연습 - 9 
연습 - 10 
연습 - 11 
연습 - 12

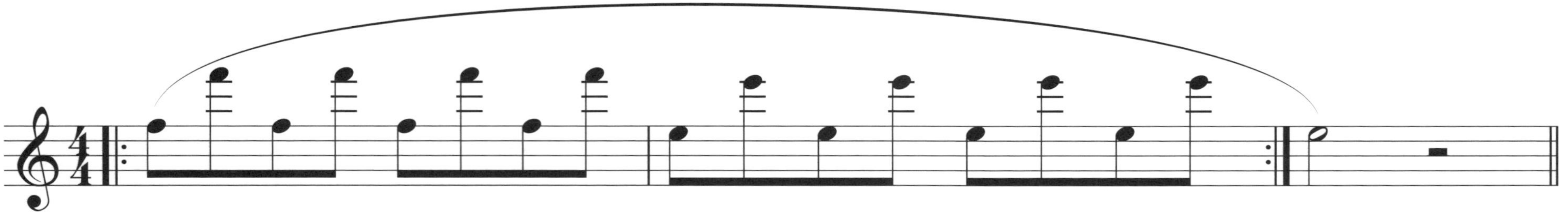

연습 - 13 
연습 - 14 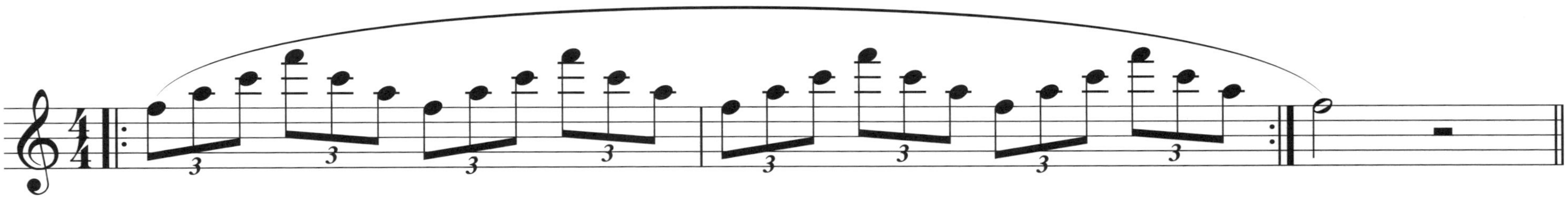
연습 - 15 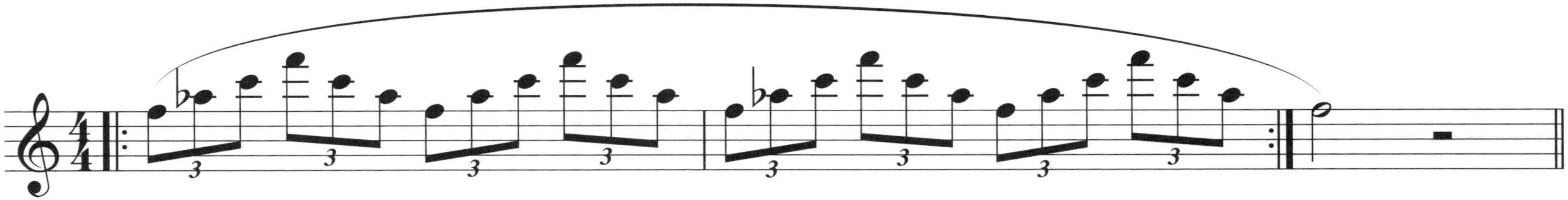
연습 - 16 
연습 - 17

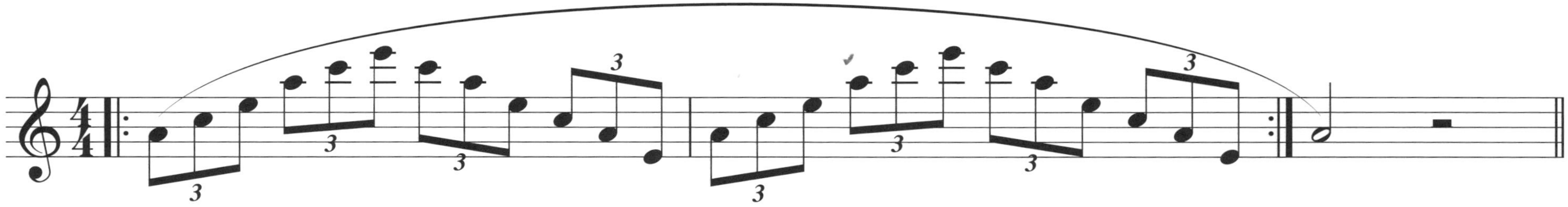

하루에 많은 양을 연습하는 것이 좋은 방법은 아닙니다. 연습곡 중 하루에 하나를 하더라도
느린 속도부터 빠르게 연주하는 것을 정확하게 학습하는 것이 무엇보다 중요합니다.
악기의 테크닉 연습은 규칙적인 운동과 같아서 근육이 기억할 수 있도록 반복적인 연습을 해야만 좋은 결과를 가져올 수 있습니다.

PART. 2

크로매틱 스케일

난이도 높은 곡의 연주를 위한
집중 핑거링 연습

크로매틱
스케일

크로매틱(반음) 스케일 연습은 메이저 스케일 연습을 한 후 시작하는 것이 효과적입니다.
크로매틱 스케일 연습은 가요, 팝 등 다양한 음악을 연주할 때에 꾸밈음을
더욱 고급스럽게 적용하여 현란한 연주를 가능하게 합니다.
〈색소폰 하농〉의 크로매틱 스케일 연습은 색소폰에 최적화된 연습 방법입니다.
차근차근 순서에 따라 연습하면 누구나 크로매틱 스케일을 완성할 수 있습니다.

연습 TIP

1 \ 매일 반복 연습합니다.
2 \ 느린 속도로 시작해 빠르고 정확한 운지로 연습합니다.
3 \ 메트로놈에 맞춰 ♩= 60~180까지 점점 속도를 내어 정확하게 연습합니다.

반음계적 꾸밈음 연습

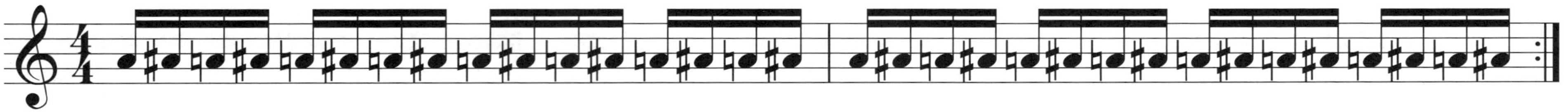

* 사이드 키(Side Key)를 사용하여 연습합니다.

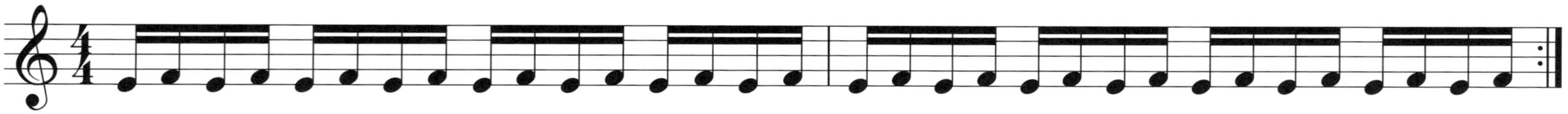

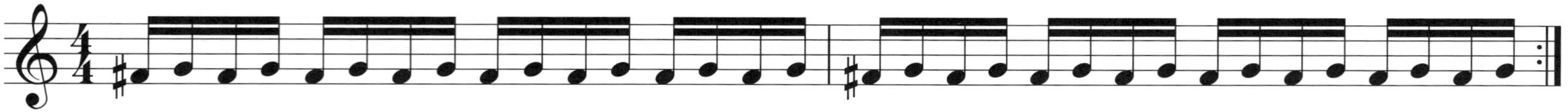

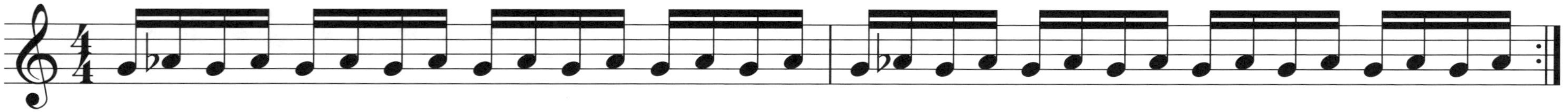

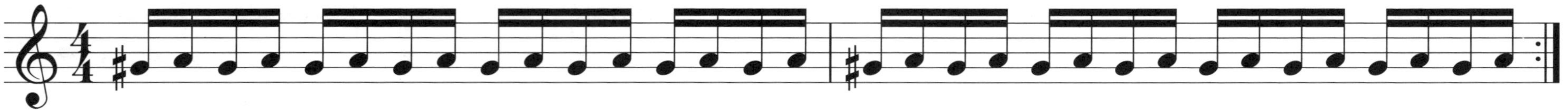

연습 - 9
* 비스키(Bis Key) 혹은 프론트키를 사용하여 연습합니다.
연습 - 10
* 사이드키(Side Key)를 사용하여 연습합니다.
연습 - 11
연습 - 12
연습 - 13
* 레(D)음을 사이드키(Side Key)를 사용하여 연습합니다.

연습 - 14 
연습 - 15 
연습 - 16 
연습 - 17 
연습 - 18

연습 – 19
연습 – 20
연습 – 21
연습 – 22
연습 – 23
* 비스키(Bis Key) 혹은 프론트키를 사용하여 연습합니다.
* 사이드키(Side Key)를 사용하여 연습합니다.

연습 – 24
연습 – 25
연습 – 26
연습 – 27
연습 – 28

반음 스케일 상하행 연습 Ⅰ

연습 - 4
연습 - 5
연습 - 6

연습 - 7 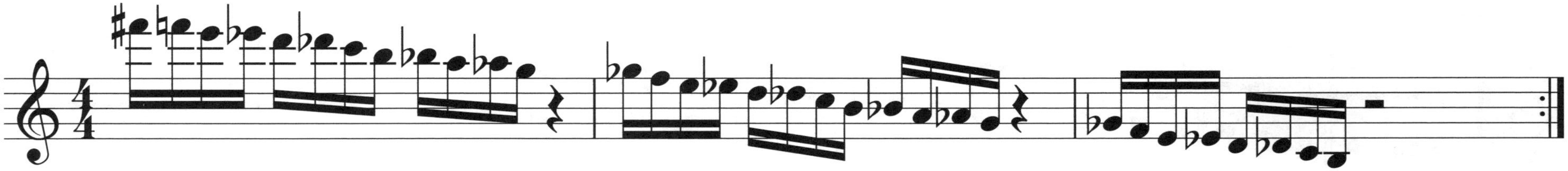
연습 - 8 
연습 - 9 
연습 - 10

반음 스케일 상하행 연습 II

PART. 3

꾸밈음

가요와 팝을 위한
집중 꾸밈음 연습

가요와 팝을 위한
집중 꾸밈음 연습

가요, 팝 등 여러 장르의 음악을 연주할 때 꾸밈음을 적용하면
더욱 화려하고 풍성한 표현을 할 수 있습니다.
꾸밈음은 애드립을 배우기 전에 필요한 필수 연습과정입니다.
일반 가요, 팝 등에 적용하는 꾸밈음과 트로트에 적용하는
꾸밈음은 다르기 때문에 나누어서 연습할 수 있도록 구성하였습니다.

연습 TIP

1 \ 매일 반복 연습합니다.
2 \ 느린 속도로 시작해 빠르고 정확한 운지로 연습합니다.
3 \ 메트로놈에 맞춰 ♩= 60~180까지 점점 속도를 내어 정확하게 연습합니다.

트로트 온음 꾸밈음 연습 ♯ 1

C Major(a minor)

G Major(e minor)

D Major(b minor)
A Major(f# minor)

E Major(c# minor)
B Major(g# minor)

F# Major(d# minor)

트로트 온음 꾸밈음 연습♭ㅣ

E♭ Major(c minor)
A♭ Major(f minor)

Db Major(bb minor)
Gb Major(eb minor)

트로트 온음 꾸밈음 연습 ♯ II

G Major(e minor)

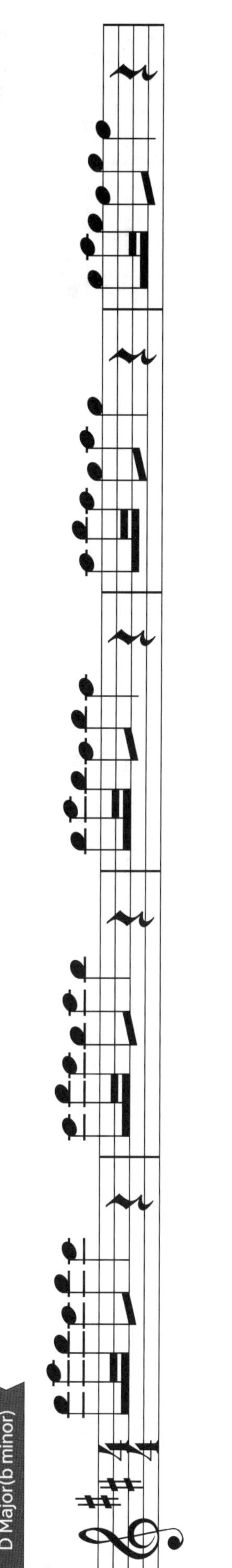
D Major(b minor)
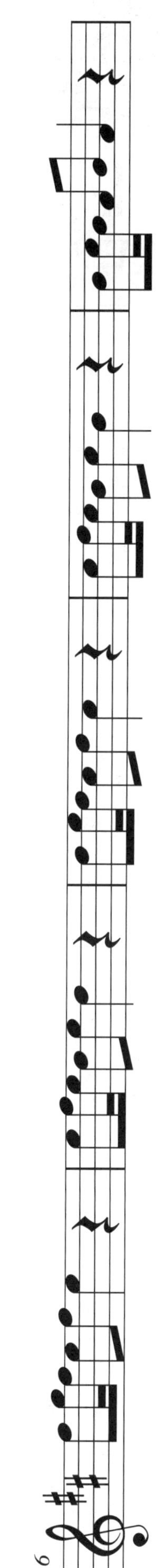
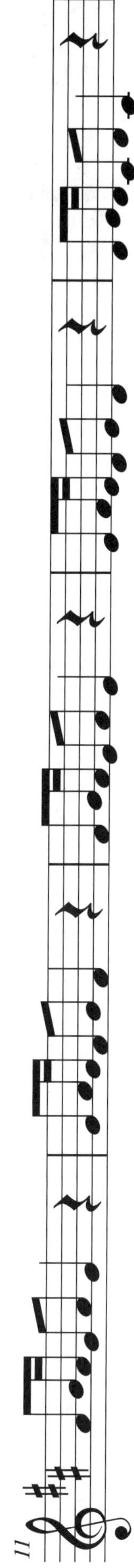

A Major(f#minor)

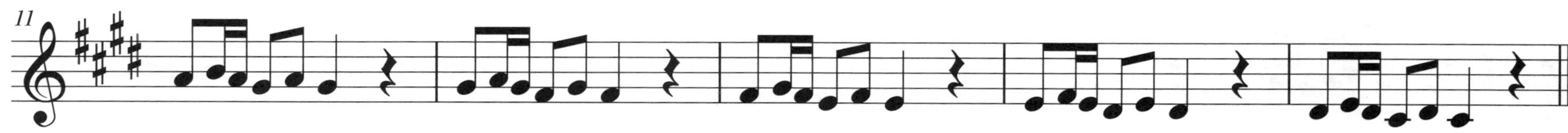
E Major(c#minor)

B Major(g♯minor)

F# Major(d# minor)

트로트 온음 꾸밈음 연습 ♭ II

B♭ Major(g minor)
6
11

E♭ Major(c minor)

A♭ Major(f minor)

D♭ Major(b♭ minor)

G♭ Major(e♭ minor)
6
11

첫 음 꾸밈음 연습

* 파(F)에서 파#(F#)로 이동할 때 운지가 어렵고 음이 고르지 않아 미(E)를 사용합니다.
* 많은 연주자들이 솔#(G#)에서 파#(F#)를 꾸밈음으로 사용합니다.

멜로디 상행 꾸밈음 연습

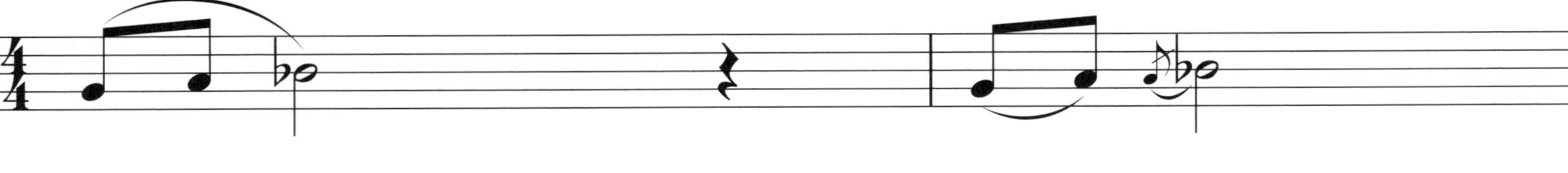

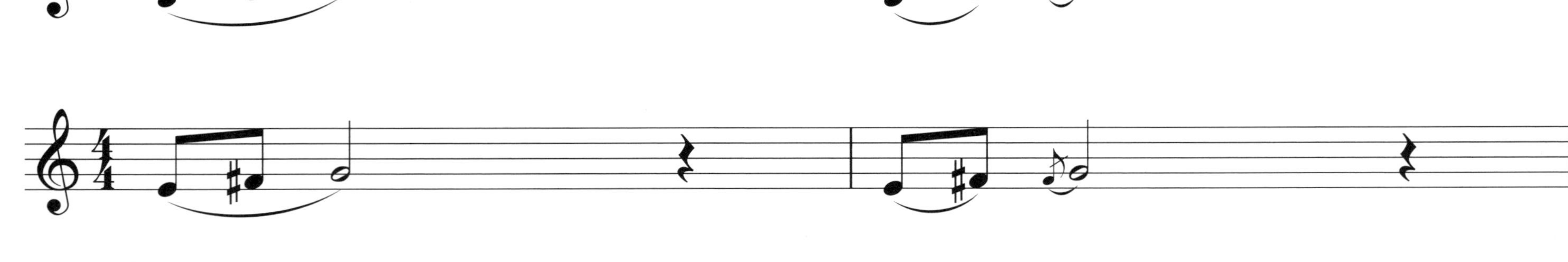
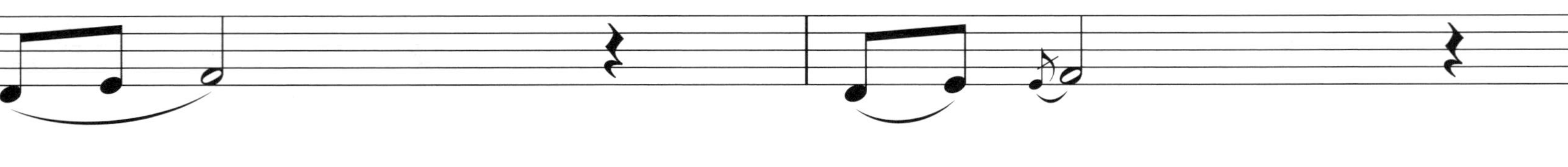

* C음 - Side Key 사용

멜로디 하행 꾸밈음 연습

* C음 – Side Key 사용
* D음 – Side Key 사용

도약 꾸밈음 연습

* 도#(C#)에서 레(D)로 이동하는 꾸밈음은 운지가 어렵기 때문에 잘 쓰이지 않습니다.

* C음– Side Key 사용

도약 & 하행 꾸밈음 연습

옥타브 진행 꾸밈음 연습

* 파(F)에서 파#(F#)로 이동할 때 음이 고르지 않는 특성상 미(E)를 사용합니다.

PART. 4

코드톤

애드립을 위한
코드톤 연습

애드립을 위한
코드톤 연습

화성학의 기본이 되는 코드톤을 연습함으로써 코드를 이해하고 활용할 수 있습니다.
코드톤 또한 애드립 연주의 필수 연습과정으로 이 연습을 생략하면 연주에
직접 활용하기 어려우므로 반복하여 연습하기를 권합니다.

1\ 매일 반복 연습합니다.
2\ 느린 속도로 시작해 빠르고 정확한 운지로 연습합니다.
3\ 메트로놈에 맞춰 ♩= 60~180까지 점점 속도를 내어 정확하게 연습합니다.

코드표

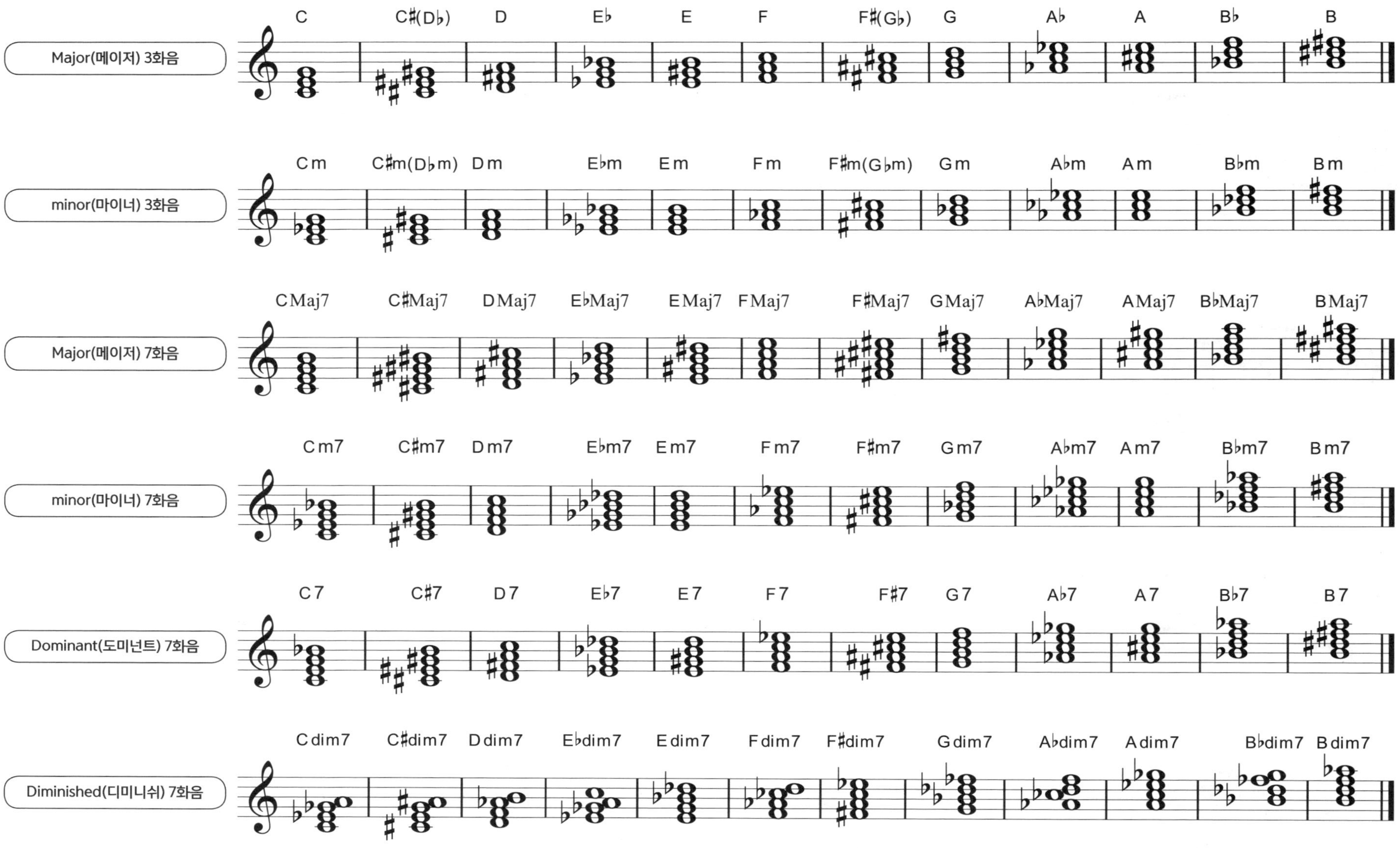

Major(메이저) 3화음
C C#(Db) D Eb E F F#(Gb) G Ab A Bb B

minor(마이너) 3화음
Cm C#m(Dbm) Dm Ebm Em Fm F#m(Gbm) Gm Abm Am Bbm Bm

Major(메이저) 7화음
CMaj7 C#Maj7 DMaj7 EbMaj7 EMaj7 FMaj7 F#Maj7 GMaj7 AbMaj7 AMaj7 BbMaj7 BMaj7

minor(마이너) 7화음
Cm7 C#m7 Dm7 Ebm7 Em7 Fm7 F#m7 Gm7 Abm7 Am7 Bbm7 Bm7

Dominant(도미넌트) 7화음
C7 C#7 D7 Eb7 E7 F7 F#7 G7 Ab7 A7 Bb7 B7

Diminished(디미니쉬) 7화음
Cdim7 C#dim7 Ddim7 Ebdim7 Edim7 Fdim7 F#dim7 Gdim7 Abdim7 Adim7 Bbdim7 Bdim7

메이저 3도 패턴 연습

연습 노트

메이저 3도 패턴 연습(3연음)

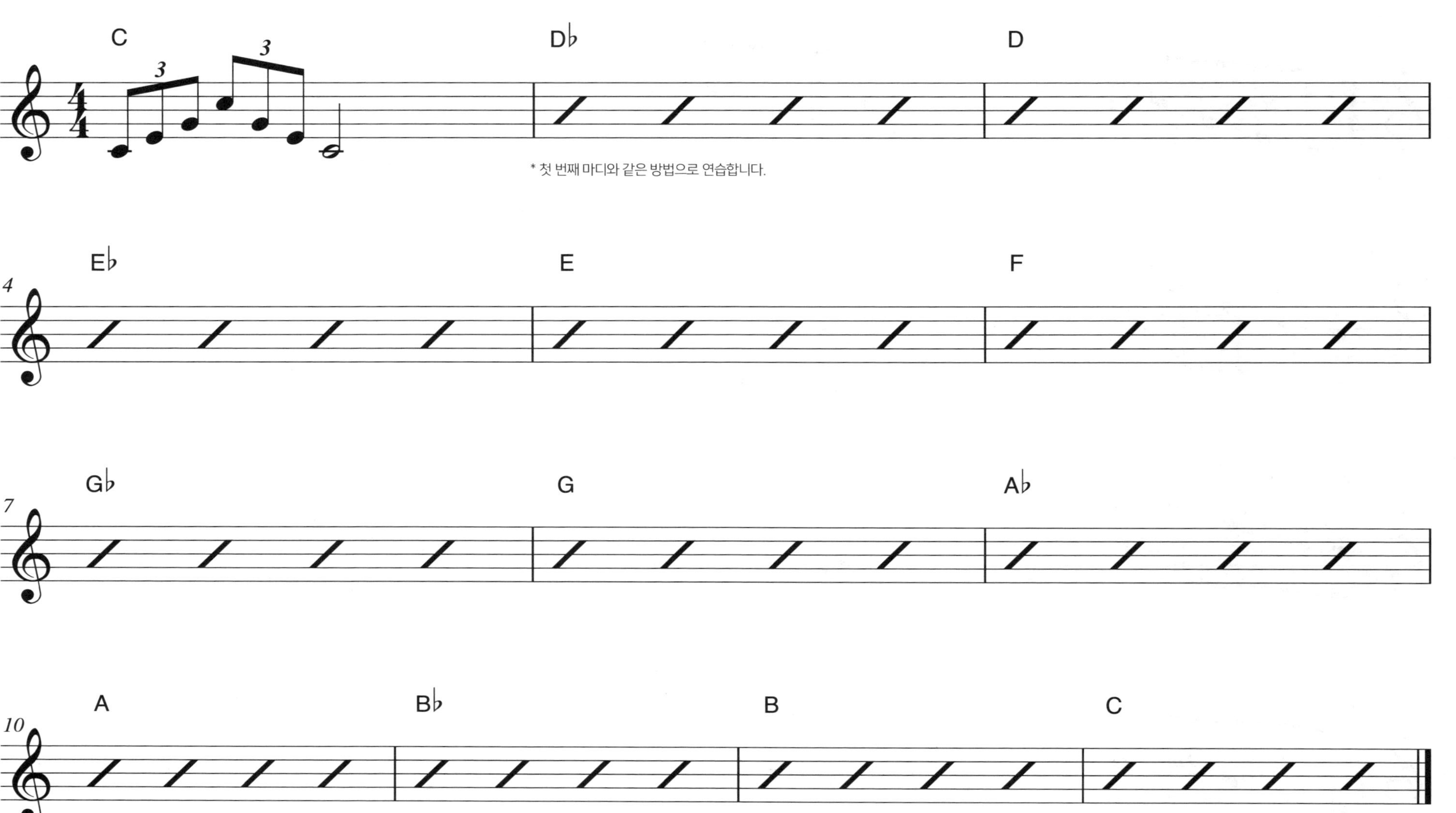

메이저 3도 패턴 연습
8분음표 상행

연습 노트

메이저 3도 패턴 연습(8분음표 상행)

메이저 3도 패턴 연습

4분음표

연습 노트

메이저 3도 패턴 연습(4분음표)

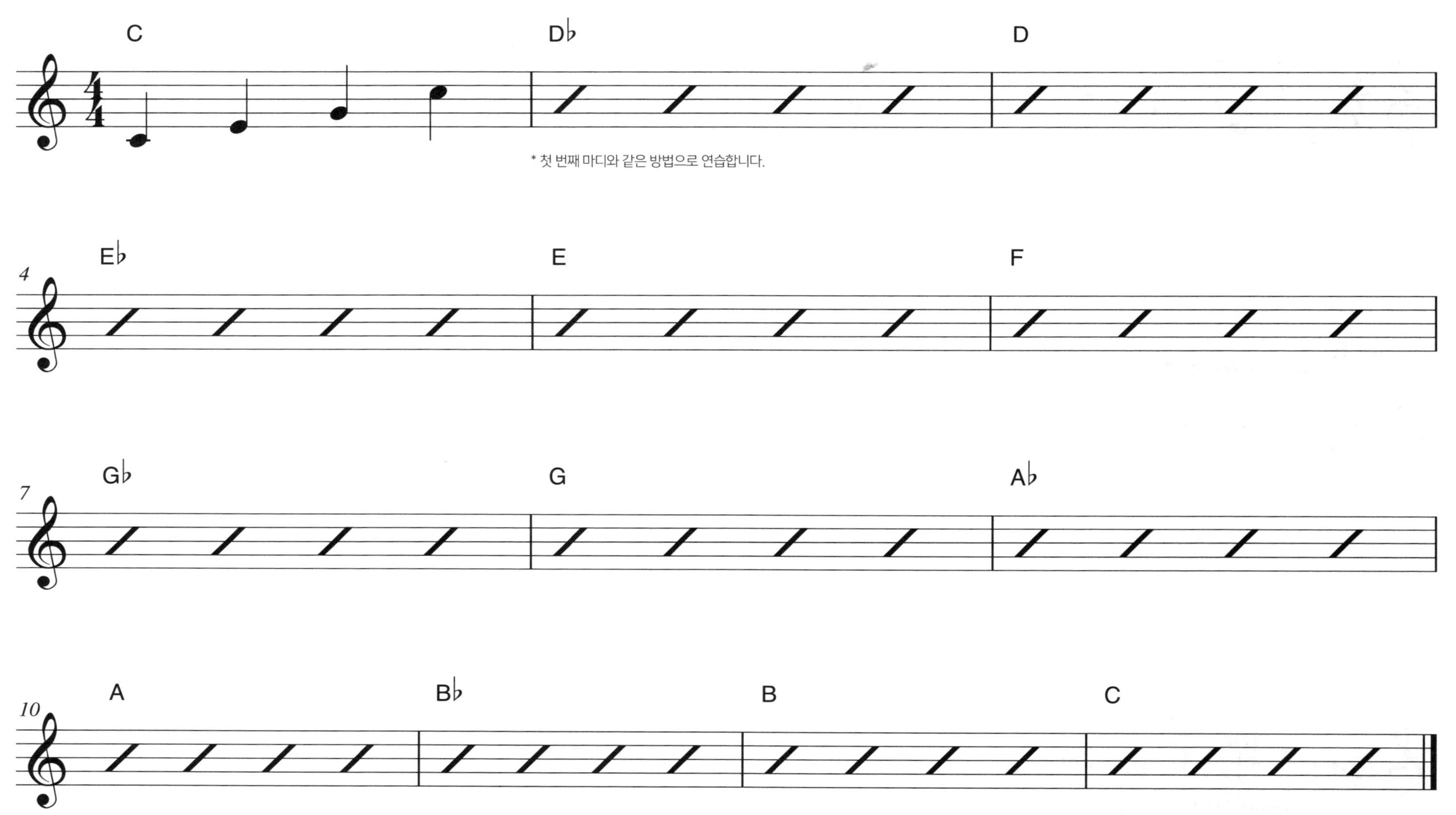

메이저 3도 패턴 연습

8분음표

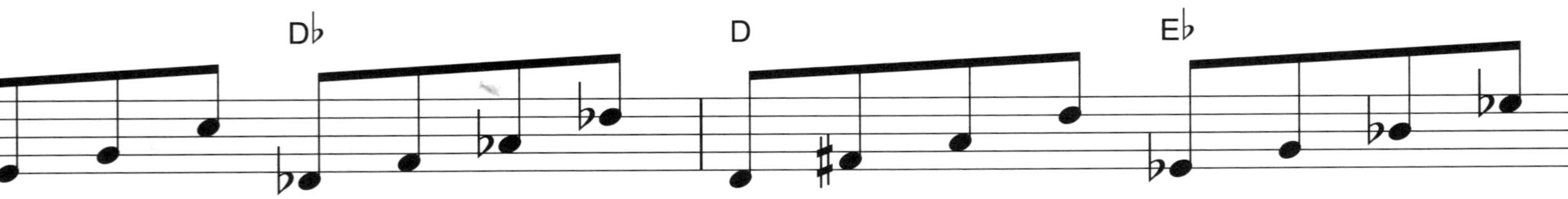

연습 노트

메이저 3도 패턴 연습(8분음표)

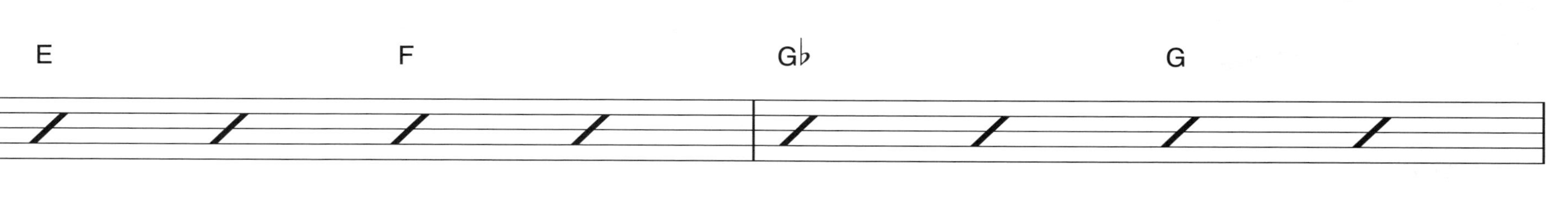
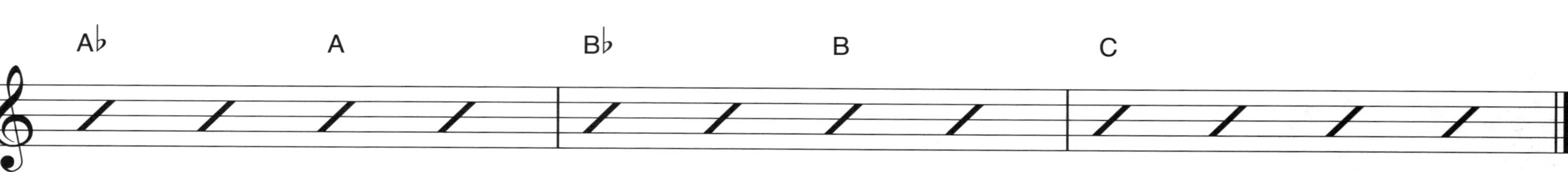

마이너 3도 패턴 연습
3연음
Cm
D♭m
Dm
E♭m
Em
Fm
G♭m
Gm
A♭m
Am
B♭m
Bm
Cm

연습 노트

마이너 3도 패턴 연습(3연음)

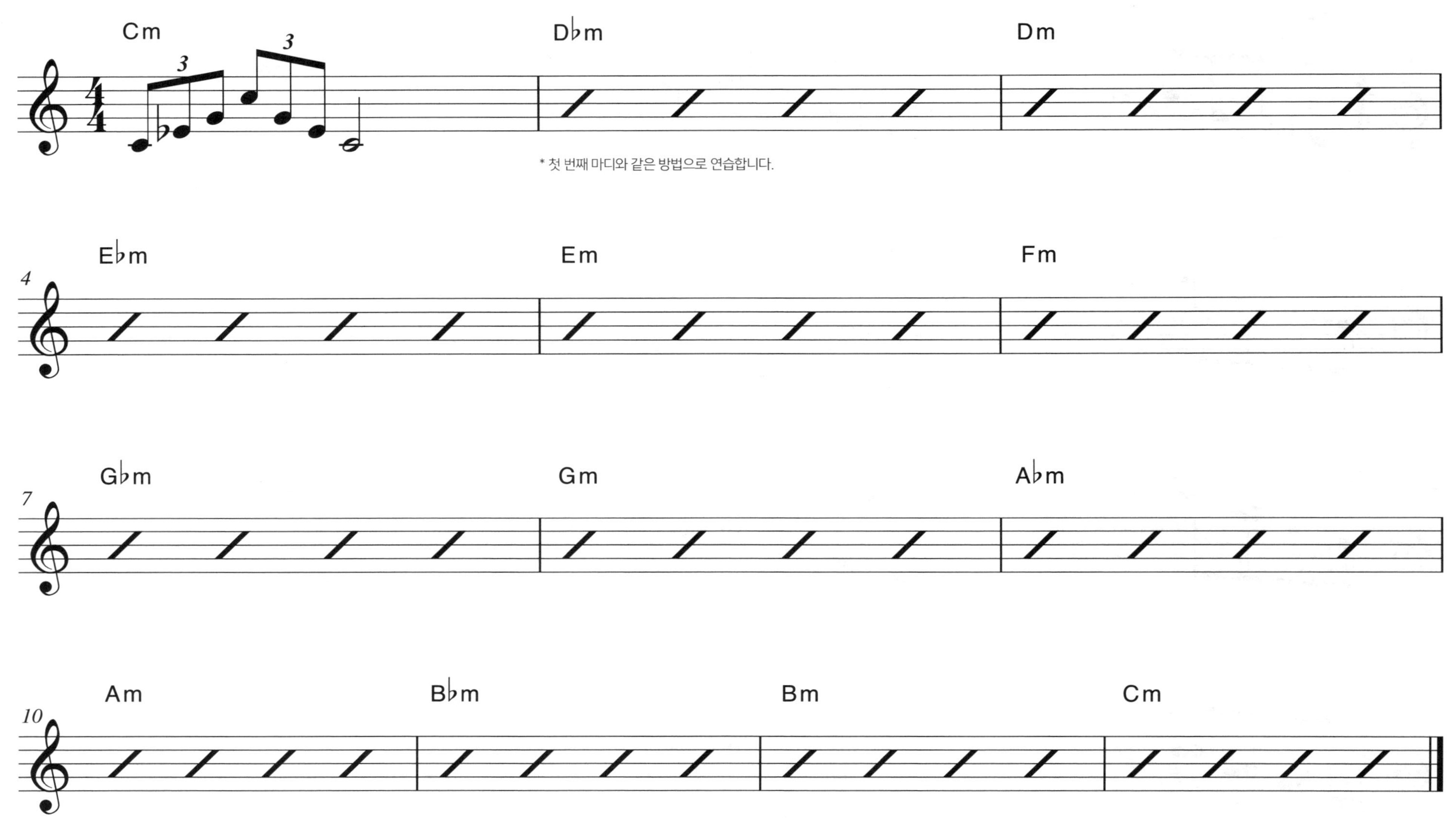

마이너 3도 패턴 연습

8분음표 상행

연습 노트

마이너 3도 패턴 연습(8분음표 상행)

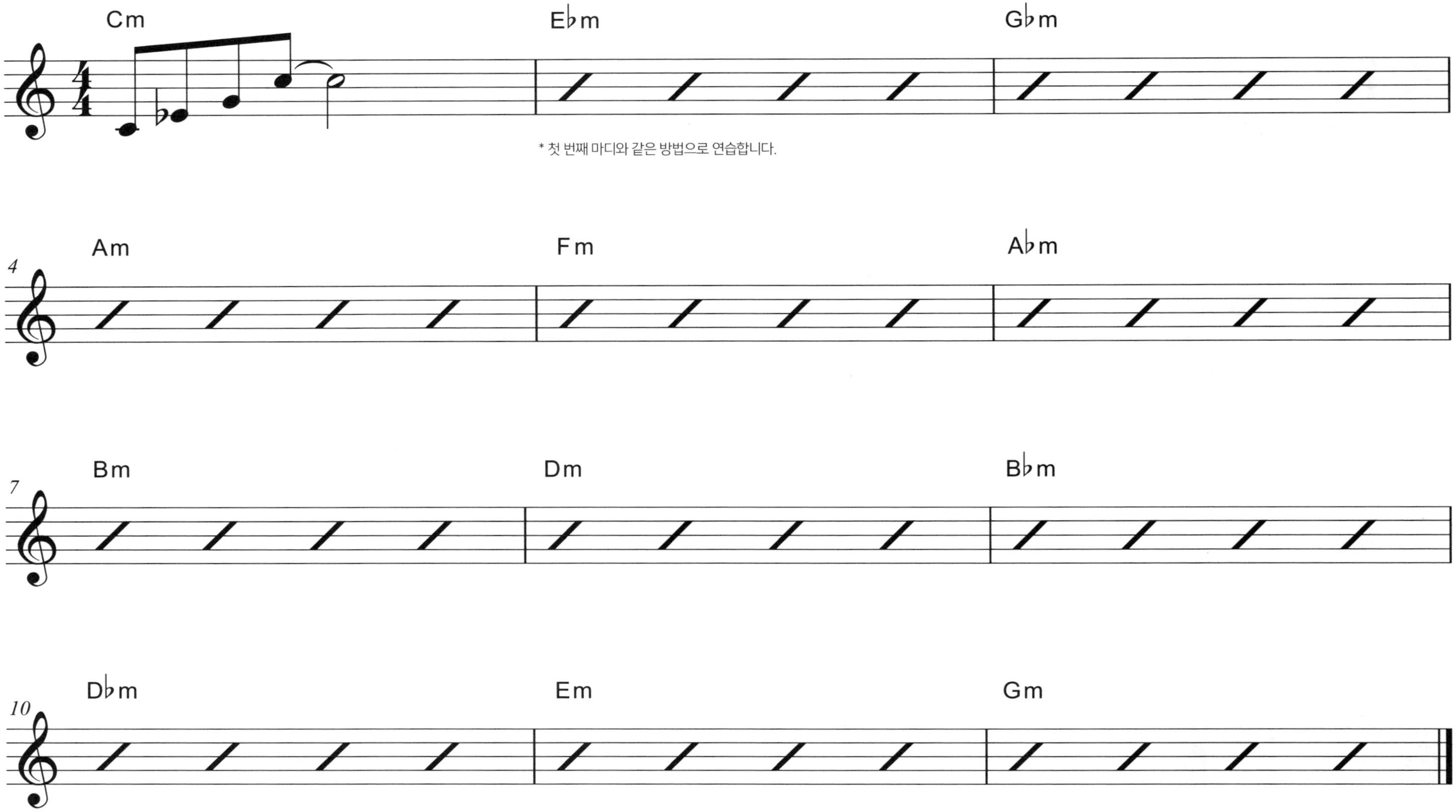

마이너 3도 패턴 연습

4분음표

연습 노트

마이너 3도 패턴 연습(4분음표)

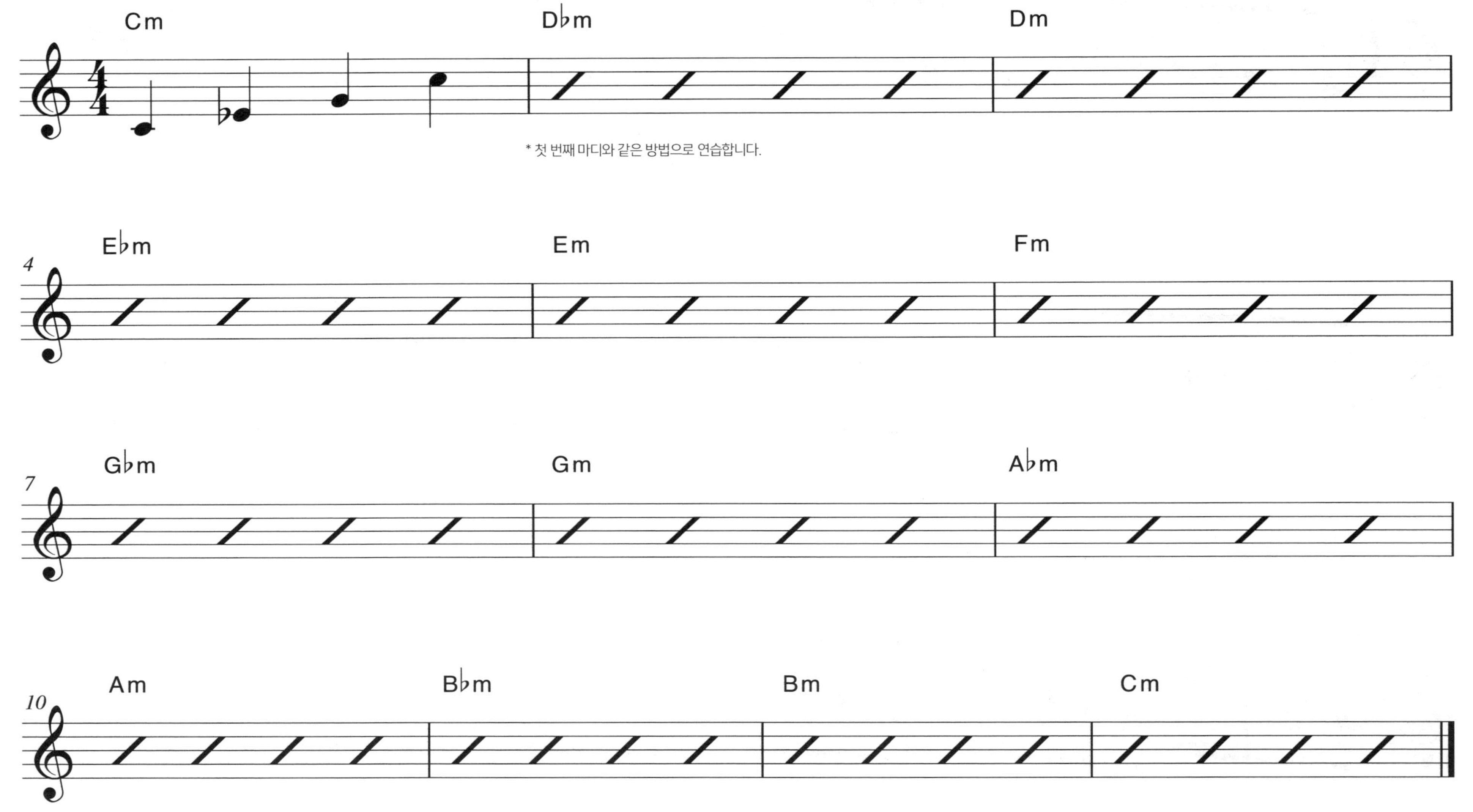

마이너 3도 패턴 연습
8분음표

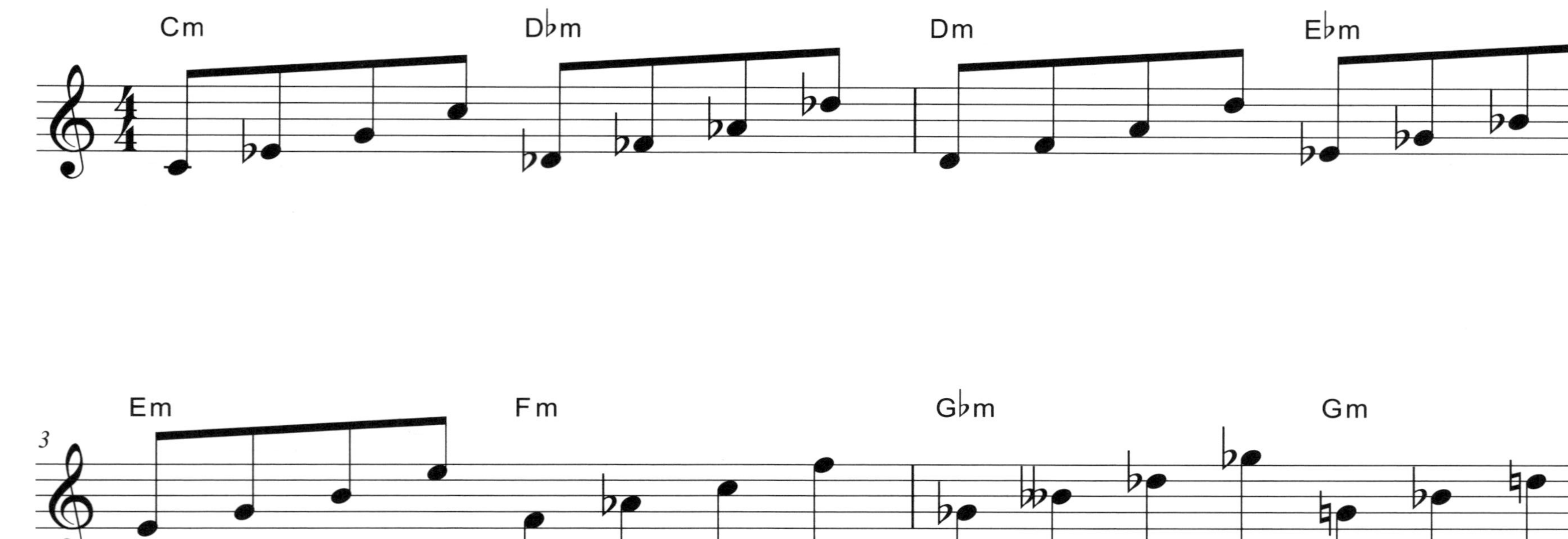

연습 노트

마이너 3도 패턴 연습(8분음표)

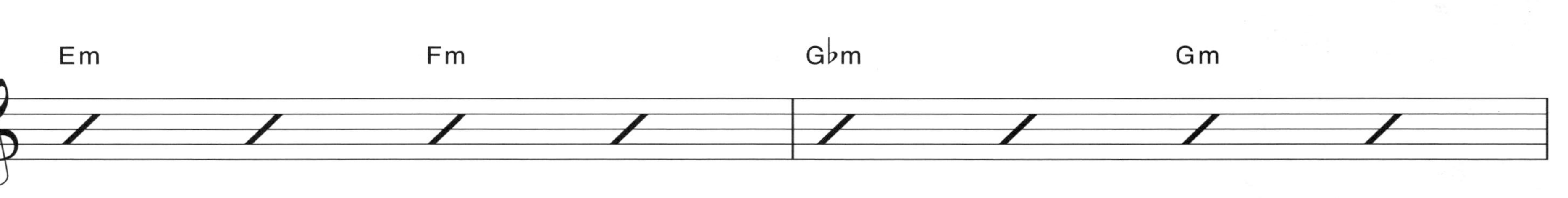
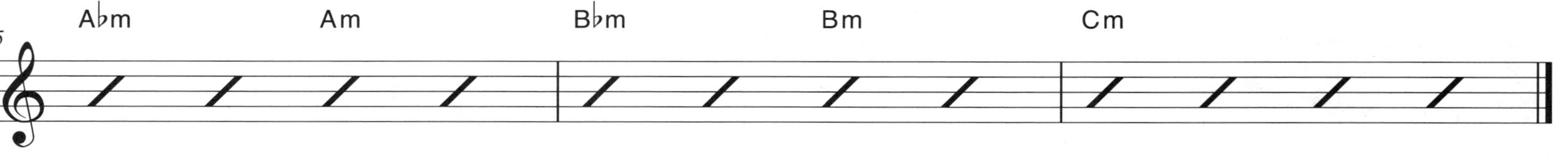

메이저 7도 패턴 연습

8분음표 상행

연습 노트

메이저 7도 패턴 연습(8분음표 상행)

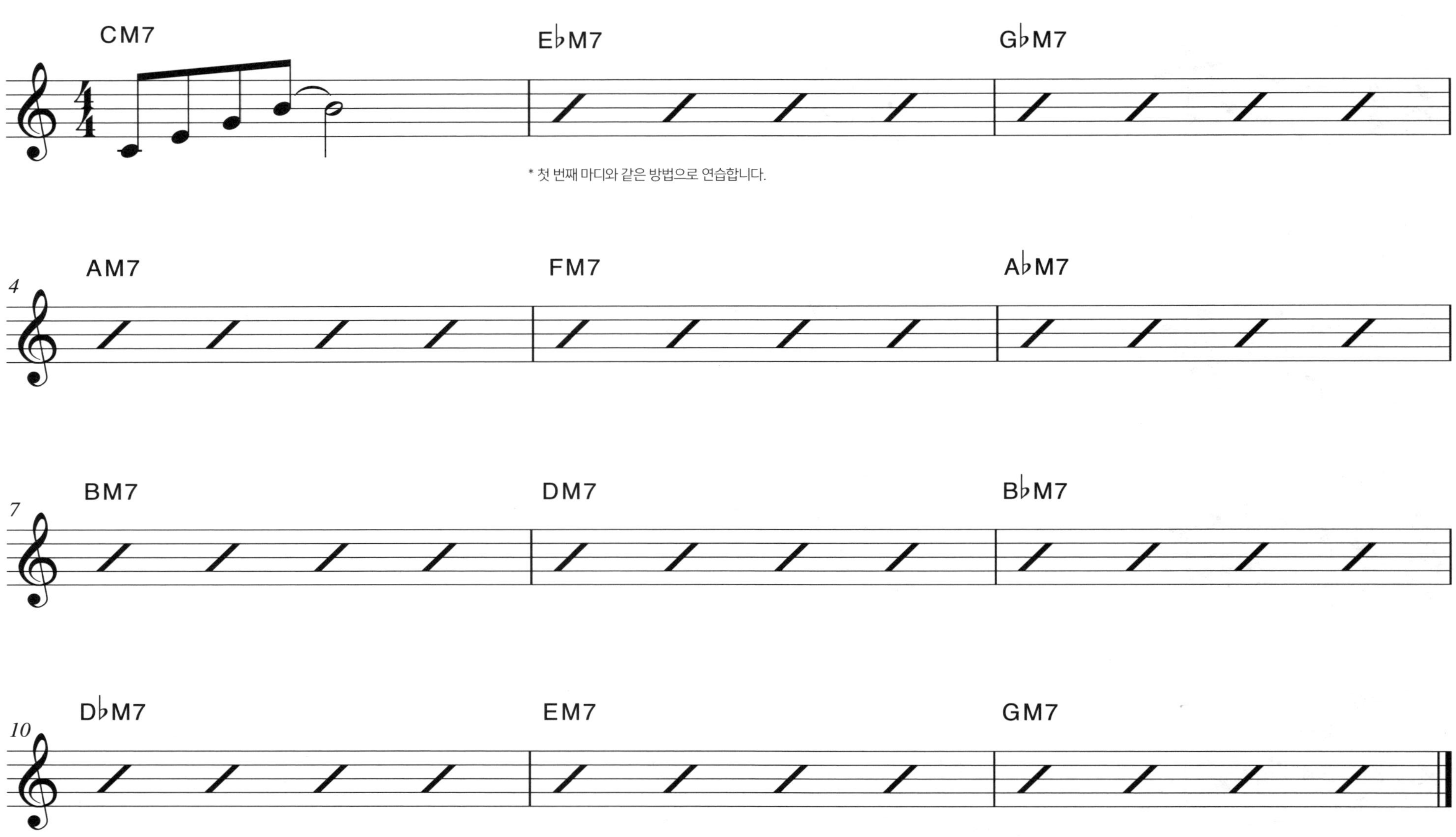

메이저 7도 패턴 연습
3연음
CM7
DM7
EM7
GbM7
AbM7
BbM7
CM7
DbM7
EbM7
FM7
GM7
BM7
DbM7

연습 노트

메이저 7도 패턴 연습(3연음)

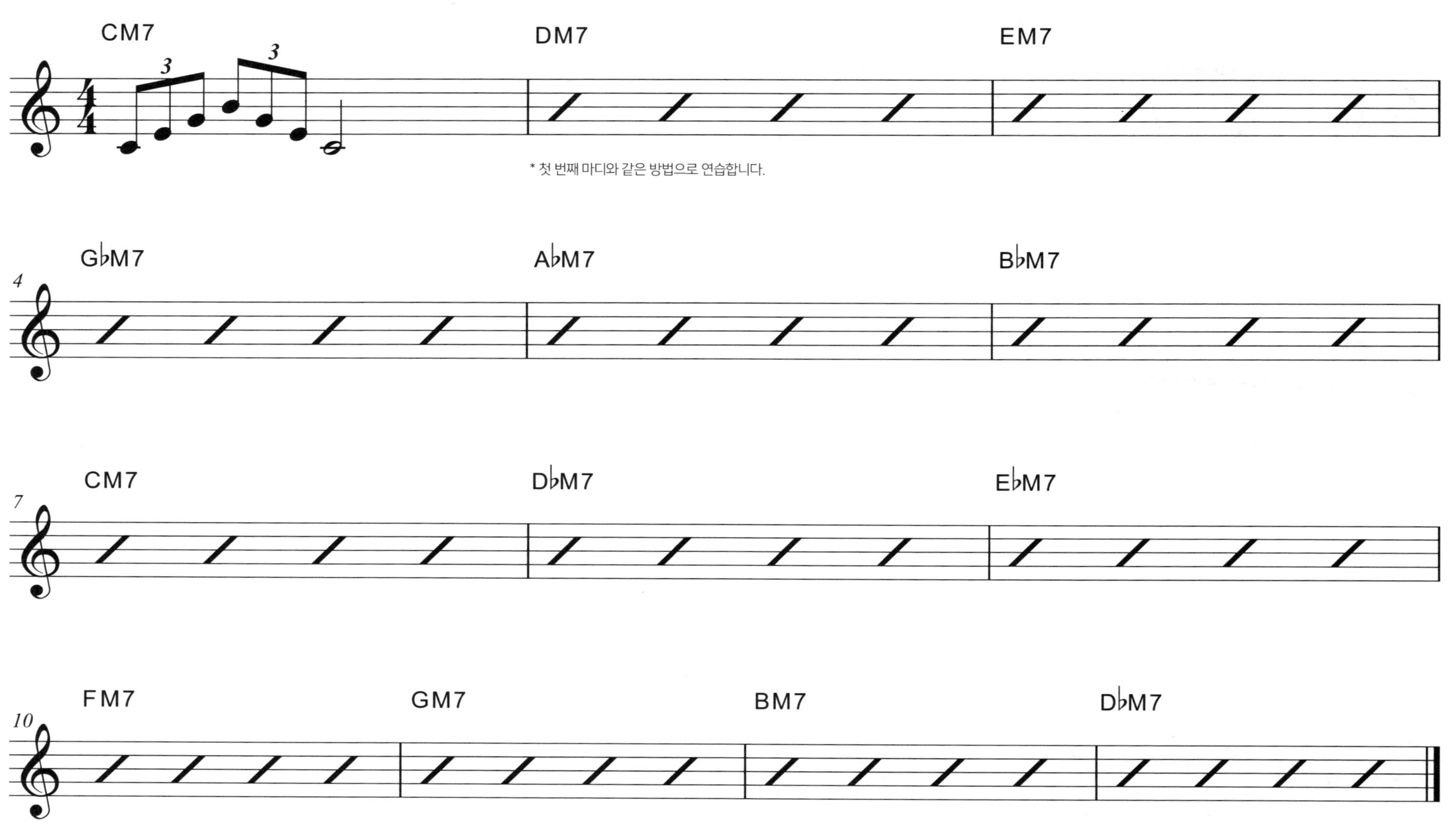

메이저 7도 패턴 연습

8분음표

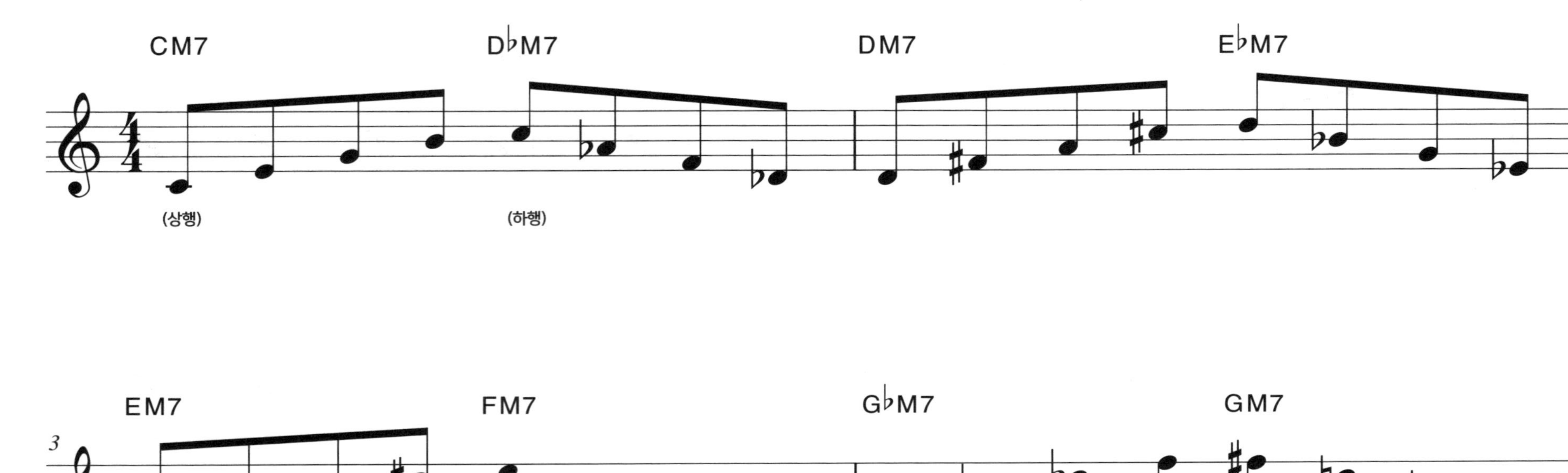

연습 노트

메이저 7도 패턴 연습(8분음표)

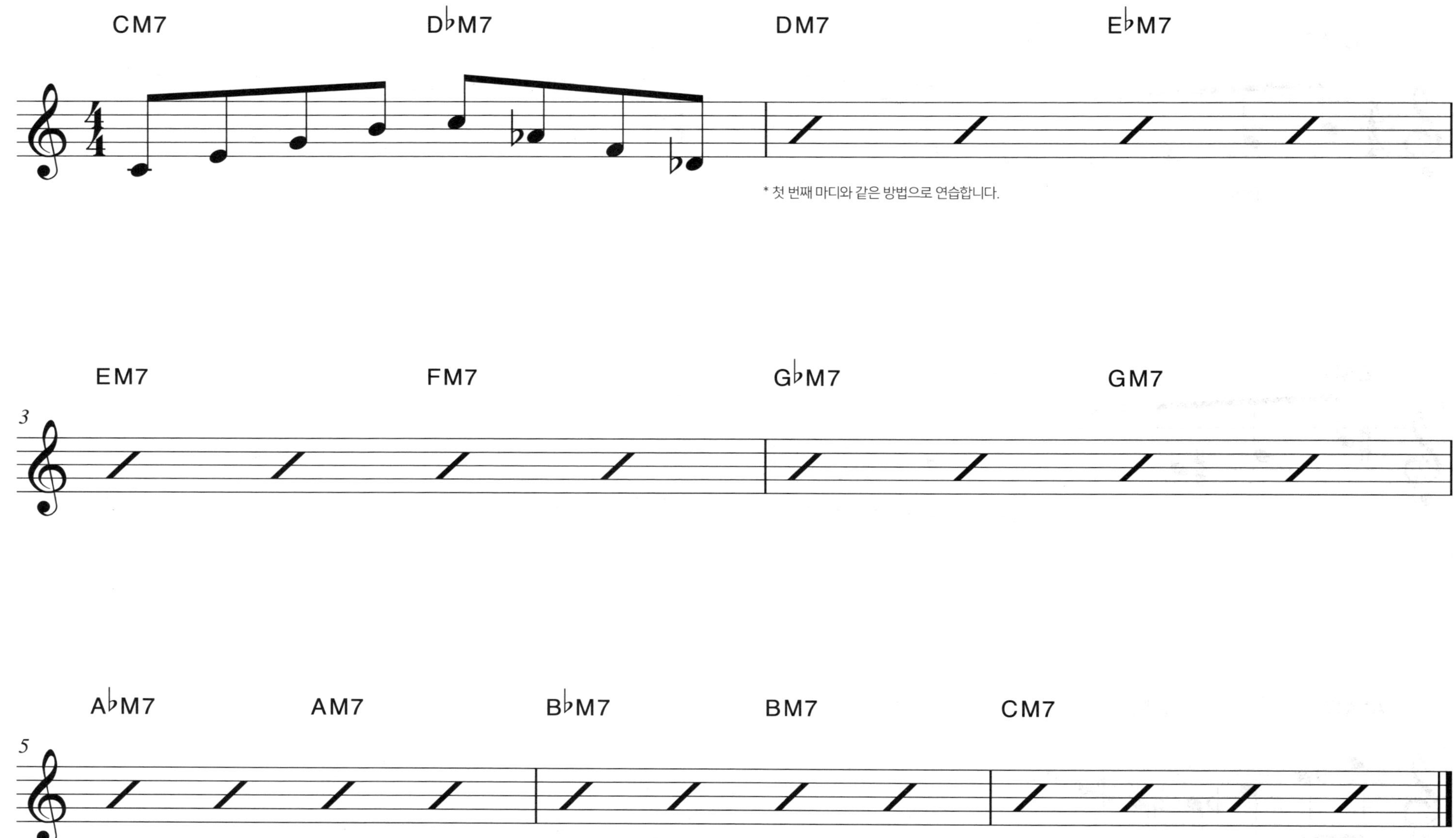

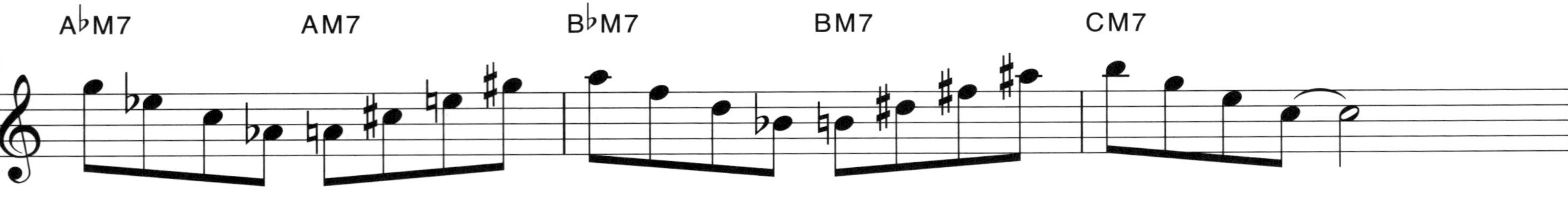
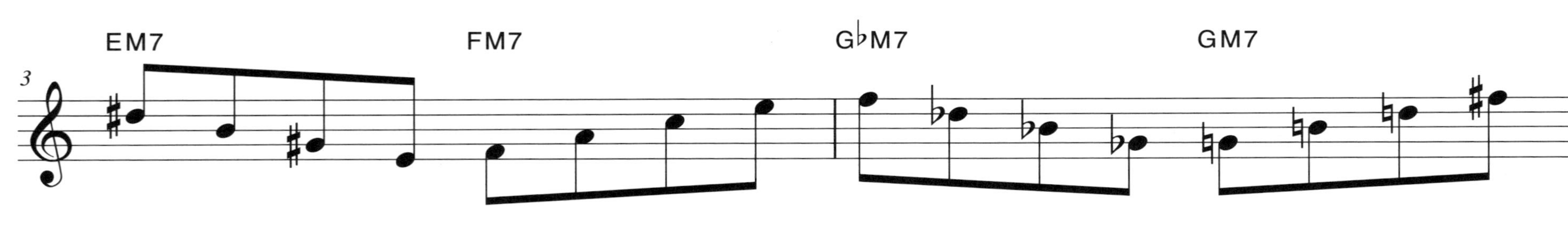
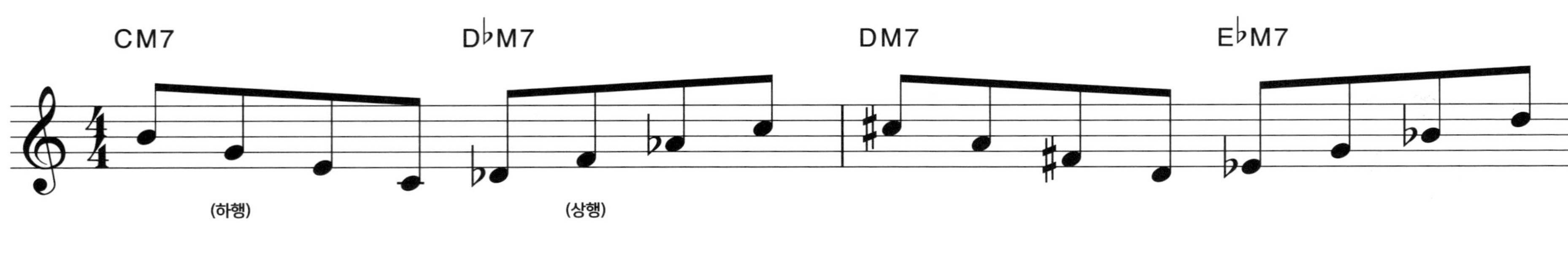

메이저 7도 패턴 연습

8분음표

연습 노트

메이저 7도 패턴 연습(8분음표)

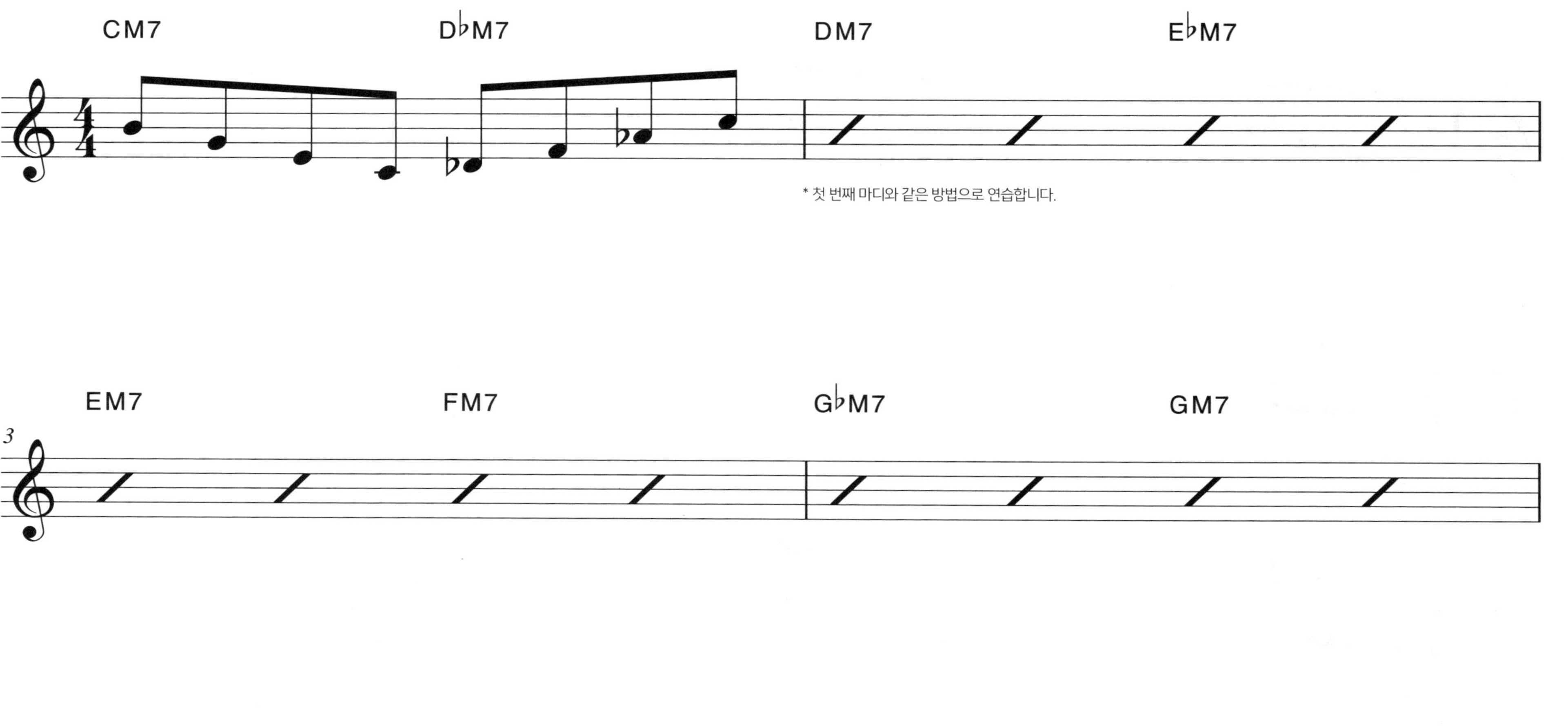

마이너 7도 패턴 연습

8분음표 상행

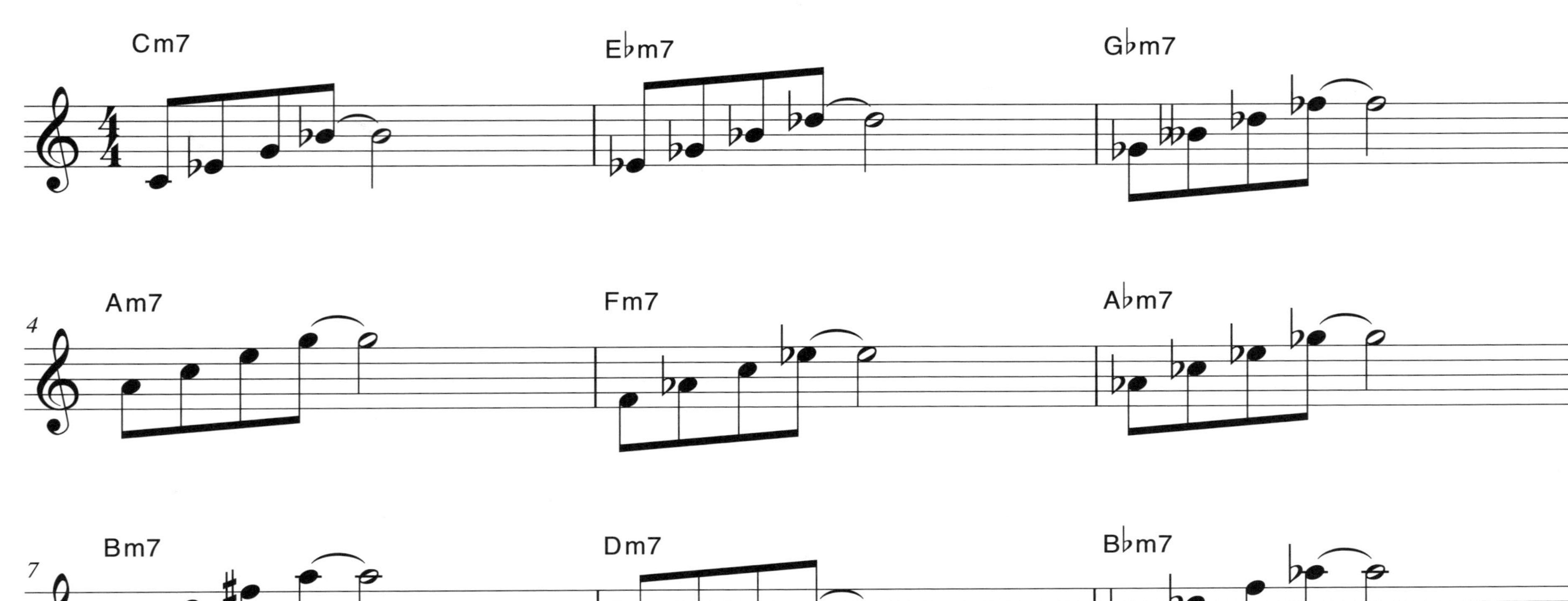

연습 노트

마이너 7도 패턴 연습(8분음표 상행)

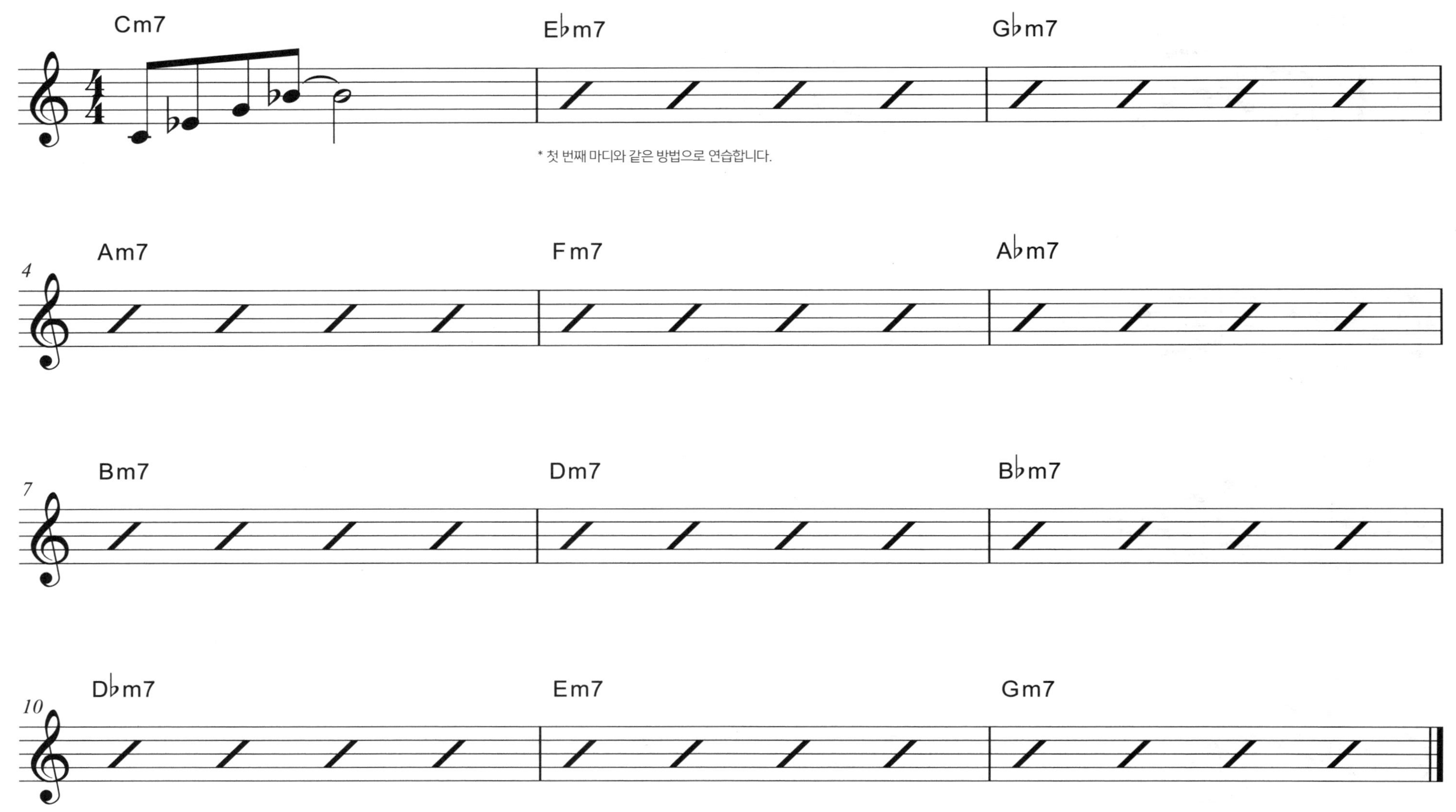

마이너 7도 패턴 연습
3연음
Cm7
Dm7
Em7
Gbm7
Abm7
Bbm7
Cm7
Dbm7
Ebm7
Fm7
Gm7
Bm7
Dbm7

연습 노트

마이너 7도 패턴 연습(3연음)

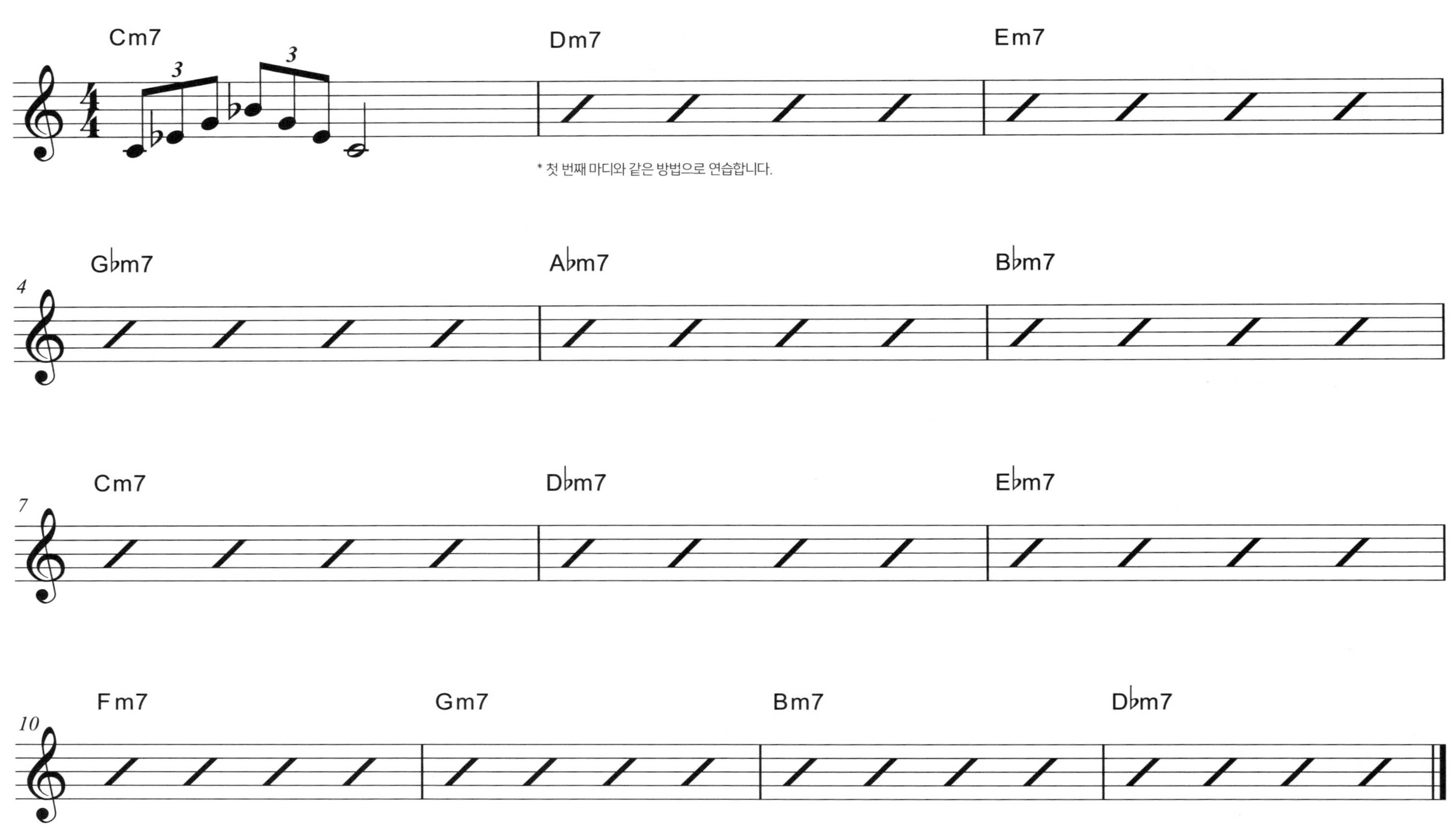

마이너 7도 패턴 연습

8분음표

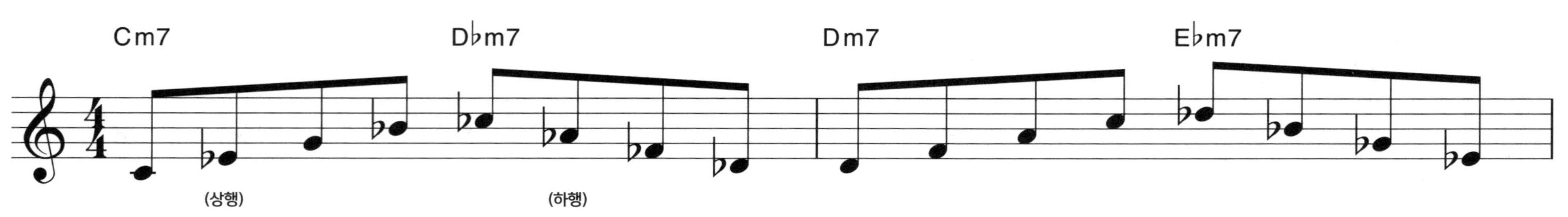
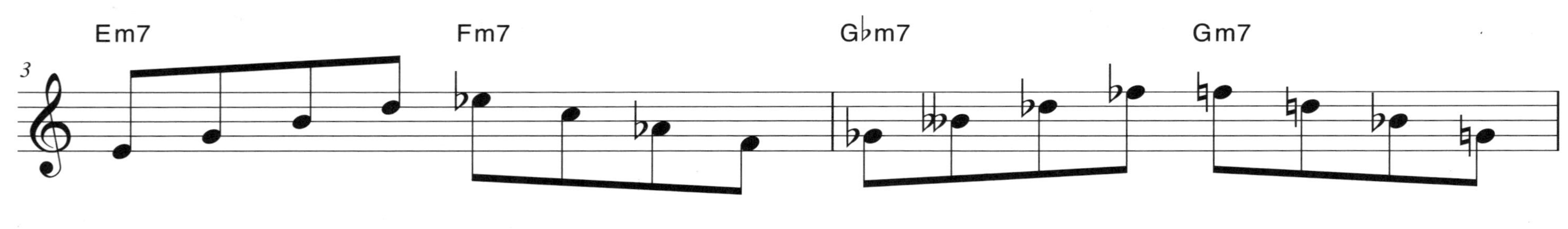
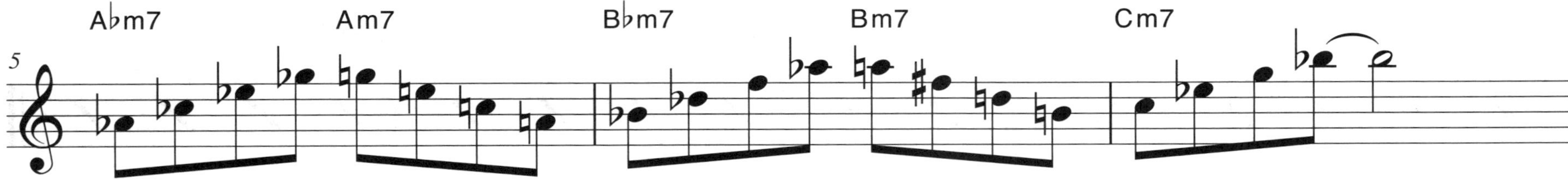

연습 노트

마이너 7도 패턴 연습(8분음표)

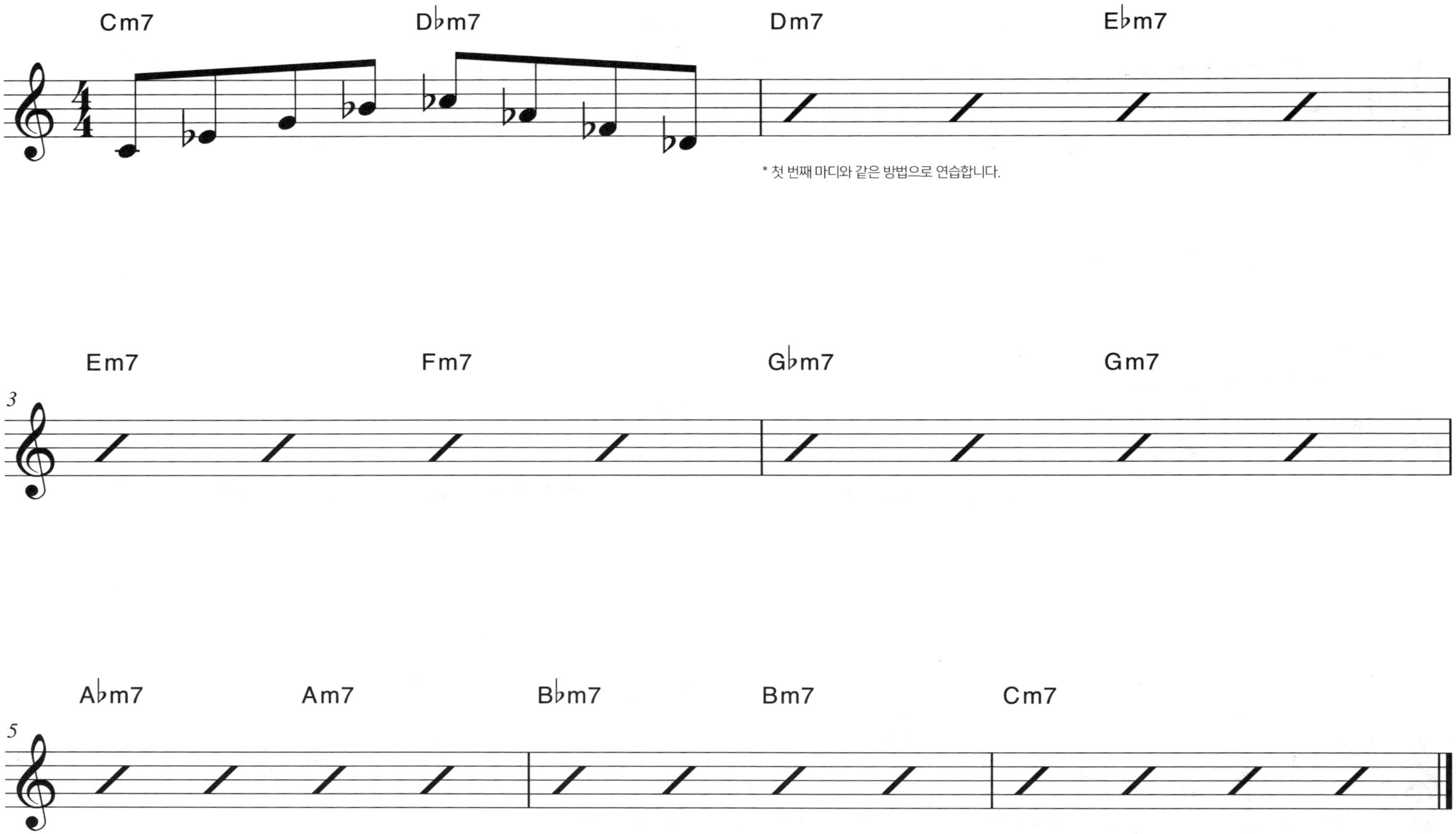

마이너 7도 패턴 연습

8분음표

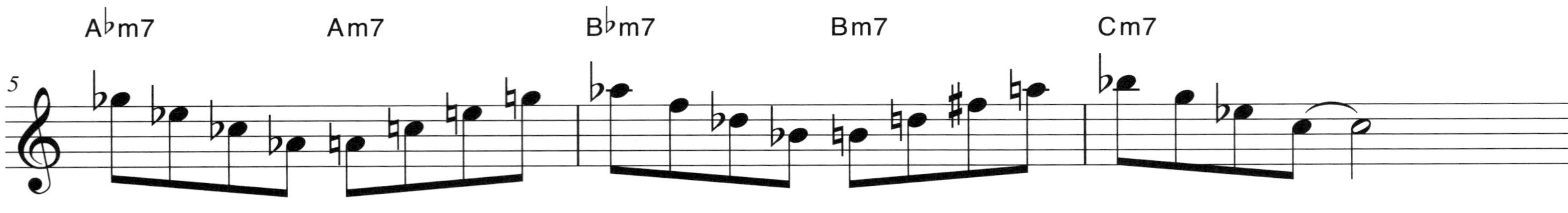

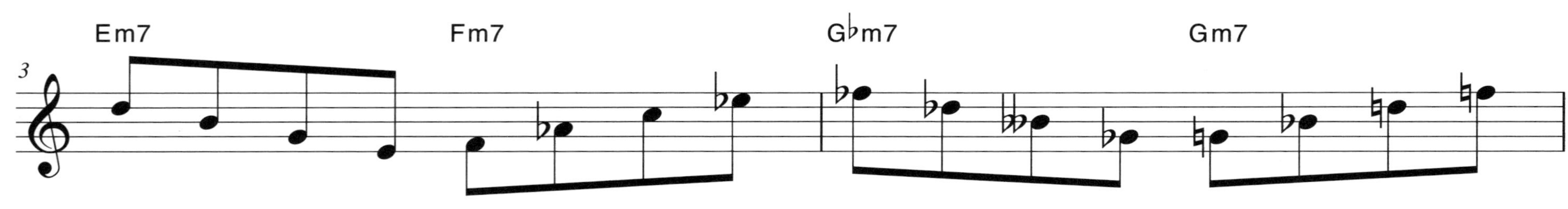

연습 노트

마이너 7도 패턴 연습(8분음표)

도미넌트 7도 패턴 연습

8분음표 상행

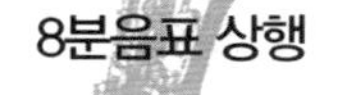

연습 노트

도미넌트 7도 패턴 연습(8분음표 상행)

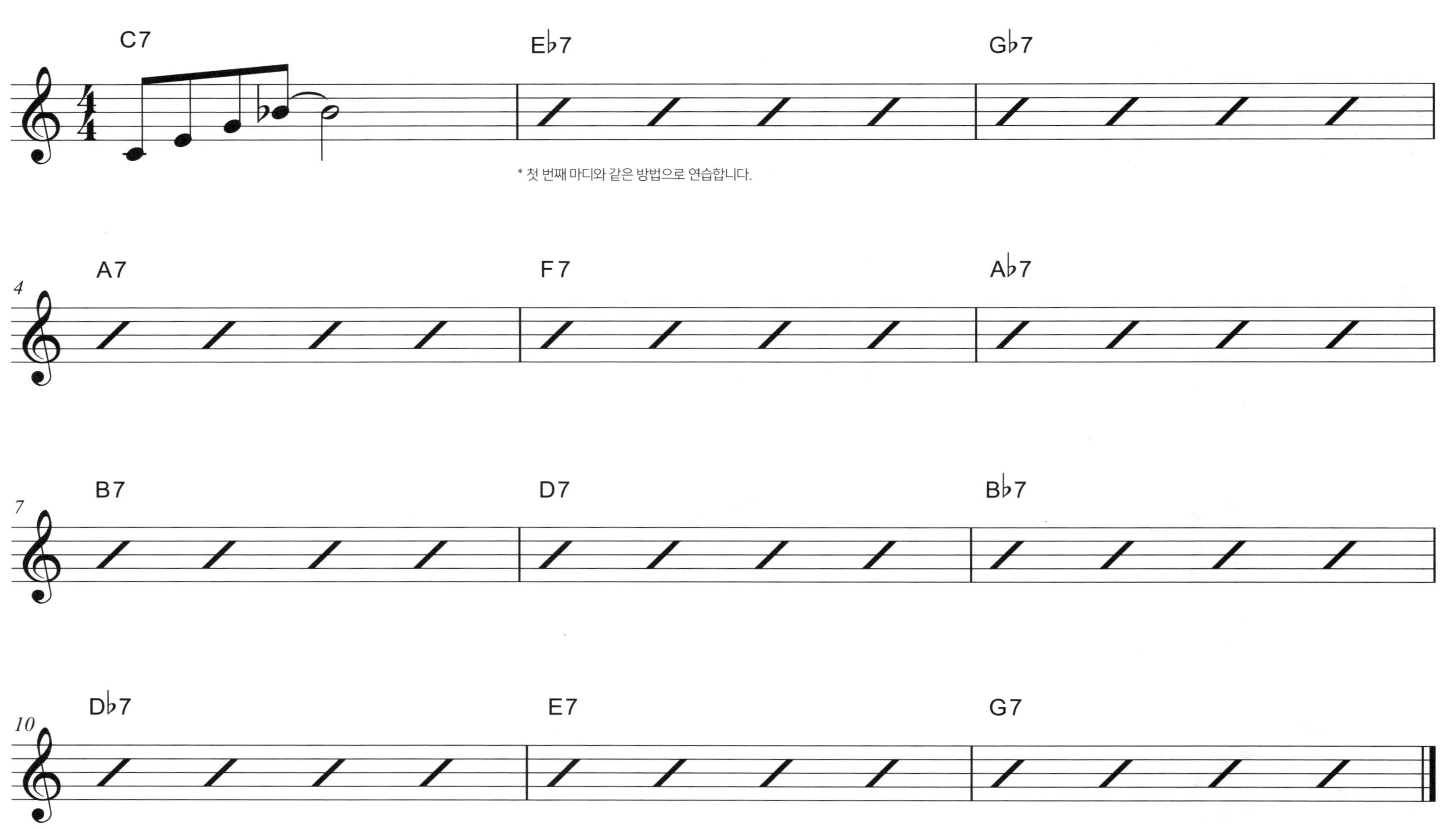

도미넌트 7도 패턴 연습
3악장
C7
D7
E7
Gb7
Ab7
Bb7
C7
Db7
Eb7
F7
G7
B7
Db7

연습 노트

도미넌트 7도 패턴 연습(3연음)

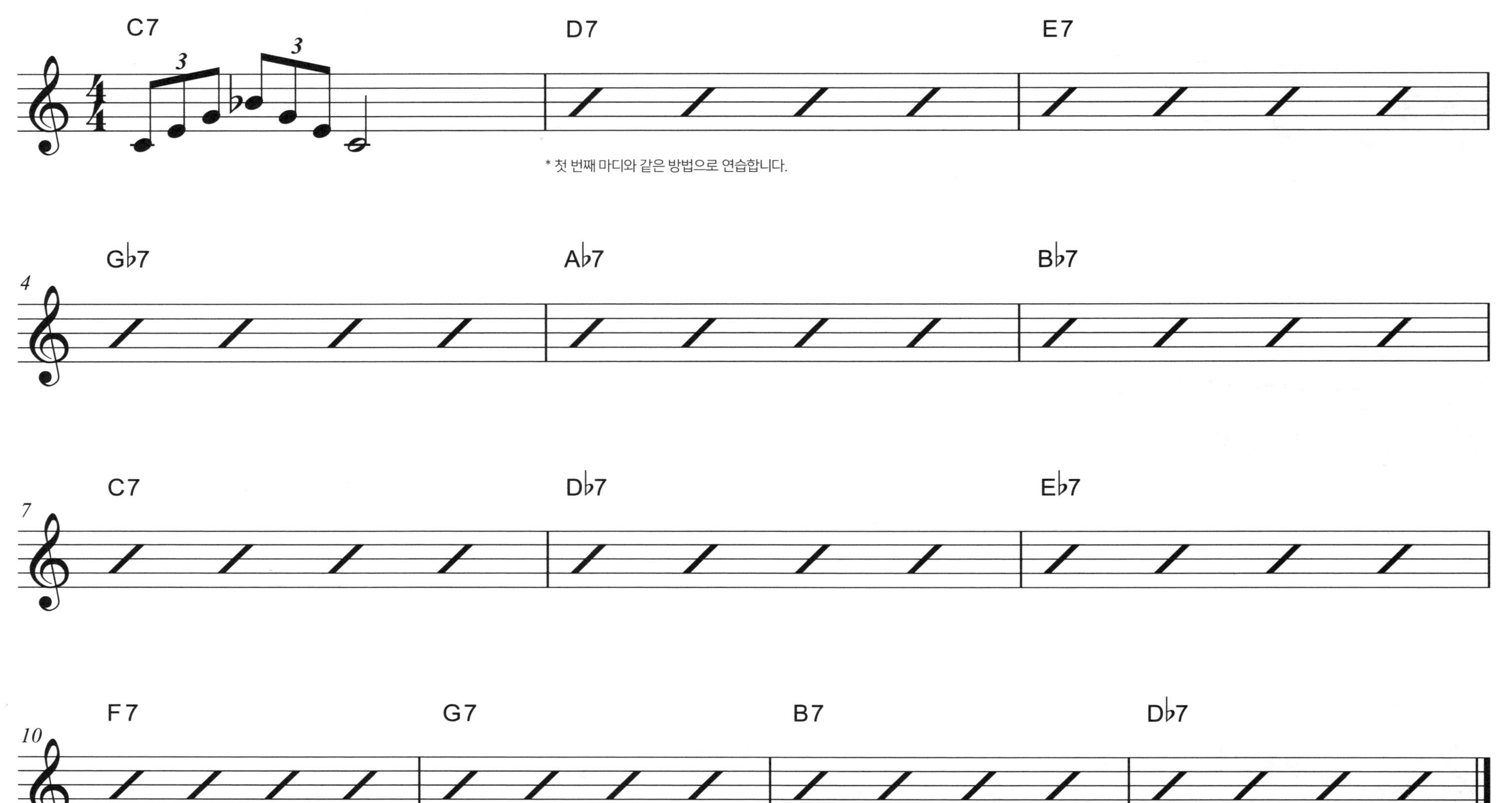

도미넌트 7도 패턴 연습

8분음표

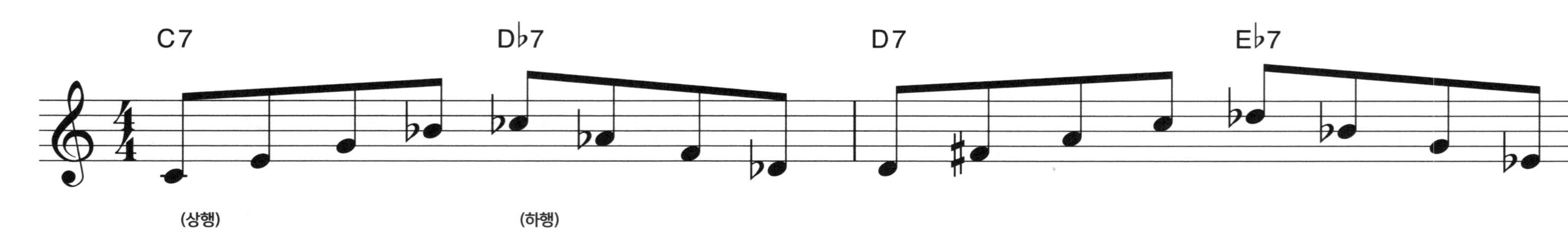
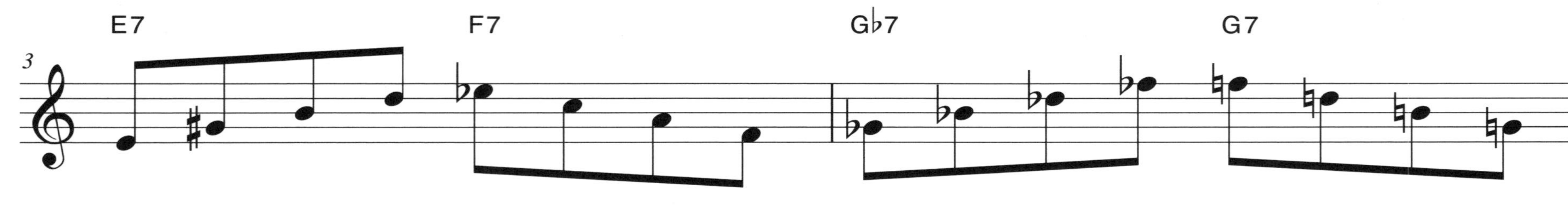
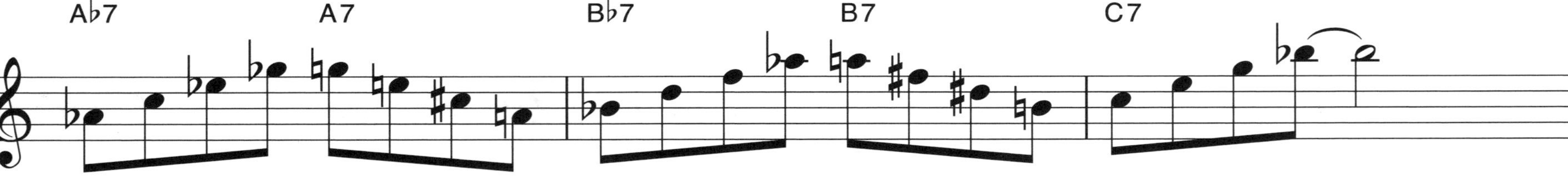

연습 노트

도미넌트 7도 패턴 연습(8분음표)

도미넌트 7도 패턴 연습

8분음표

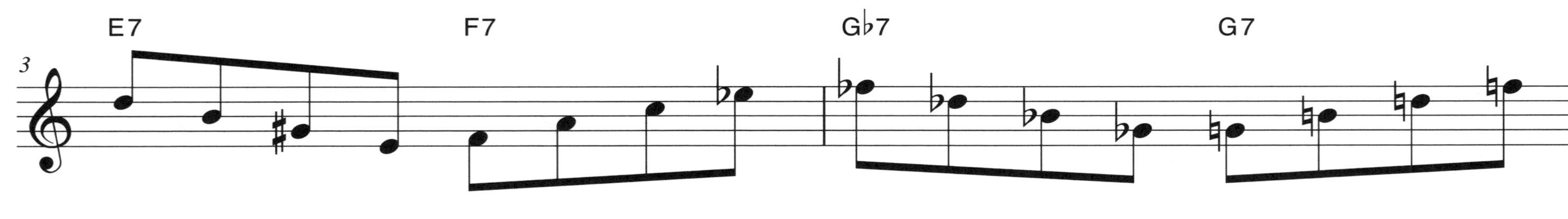

연습 노트

도미넌트 7도 패턴 연습(8분음표)

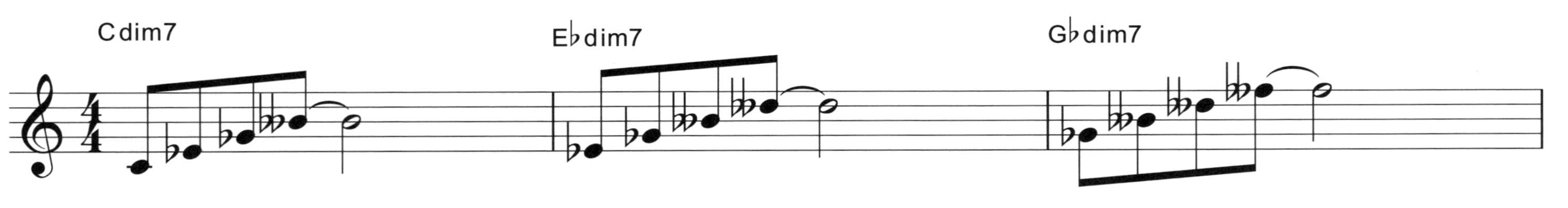

디미니쉬 7도 패턴 연습
8분음표 상행
Cdim7
Ebdim7
Gbdim7
Adim7
Fdim7
Abdim7
Bdim7
Ddim7
Bbdim7
Dbdim7
Edim7
Gdim7

연습 노트

디미니쉬 7도 패턴 연습(8분음표 상행)

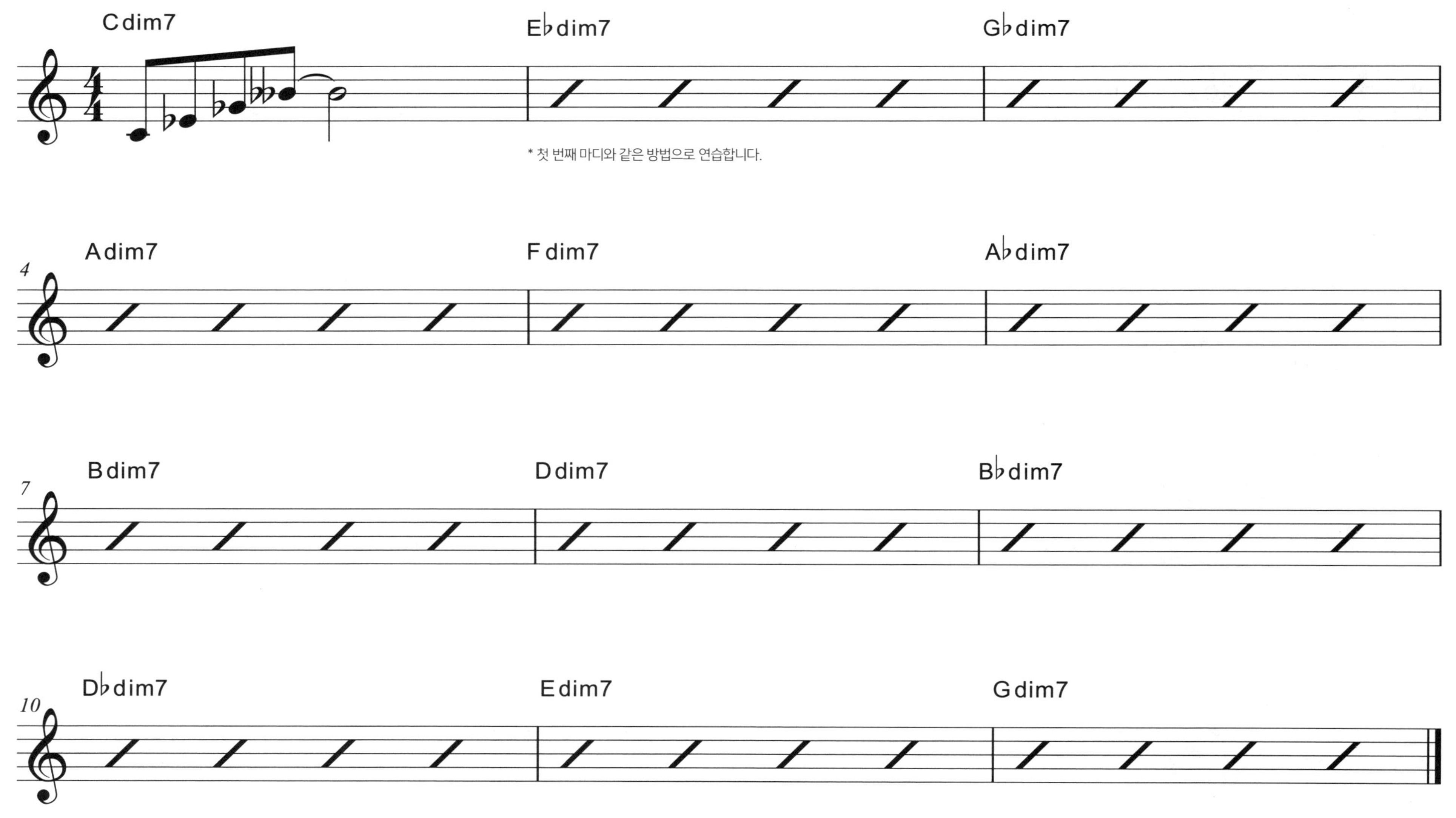

디미니쉬 7도 패턴 연습

Cdim7
Ddim7
Edim7
G♭dim7
A♭dim7
B♭dim7
Cdim7
D♭dim7
E♭dim7
Fdim7
Gdim7
Bdim7
D♭dim7

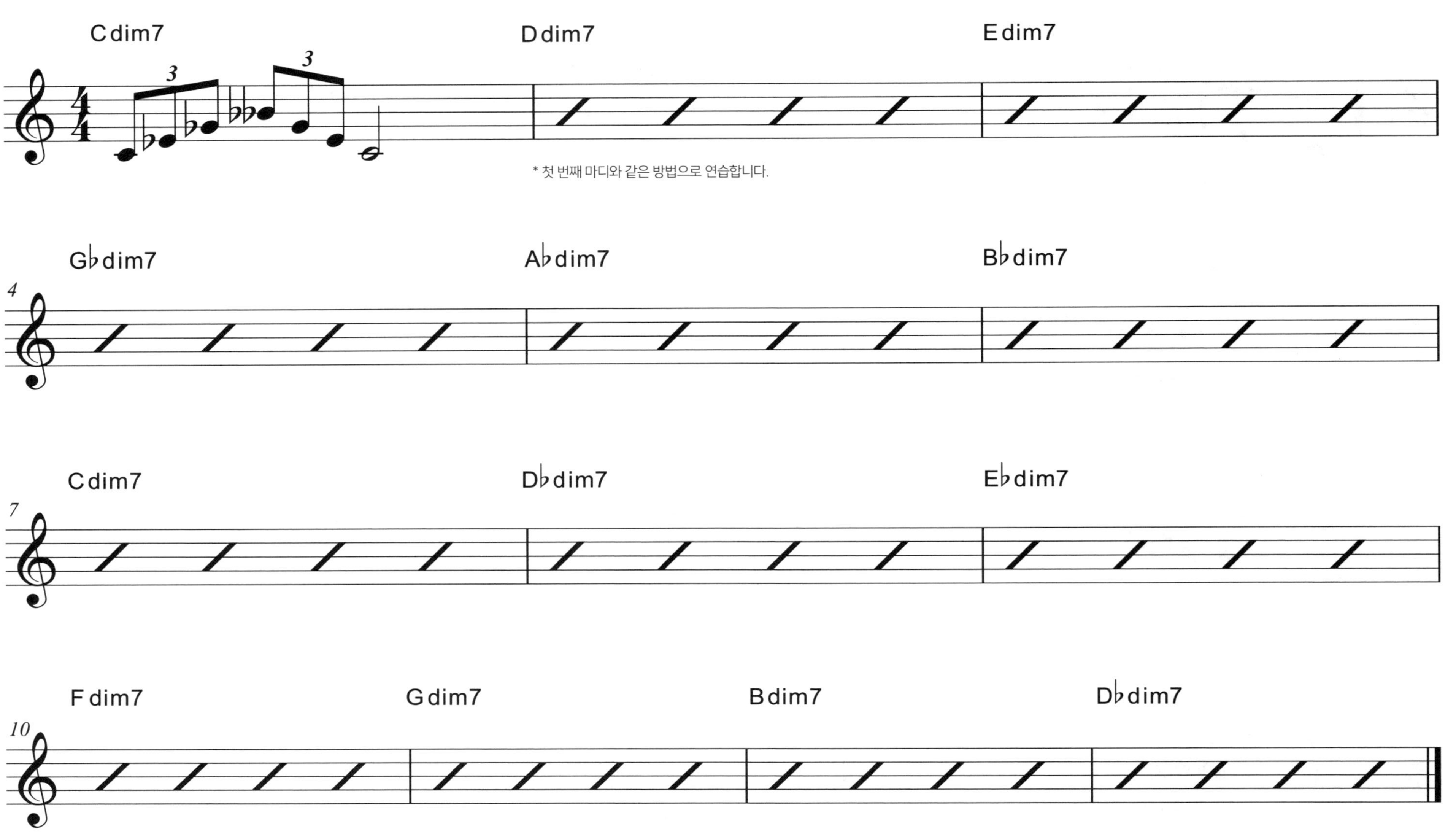
연습 노트
디미니쉬 7도 패턴 연습(3연음)
Cdim7
Ddim7
Edim7
* 첫 번째 마디와 같은 방법으로 연습합니다.
G♭dim7
A♭dim7
B♭dim7
Cdim7
D♭dim7
E♭dim7
Fdim7
Gdim7
Bdim7
D♭dim7

메이저 12 스케일 패턴 연습

#(샤프) 계열 5도권 스케일

연습 노트

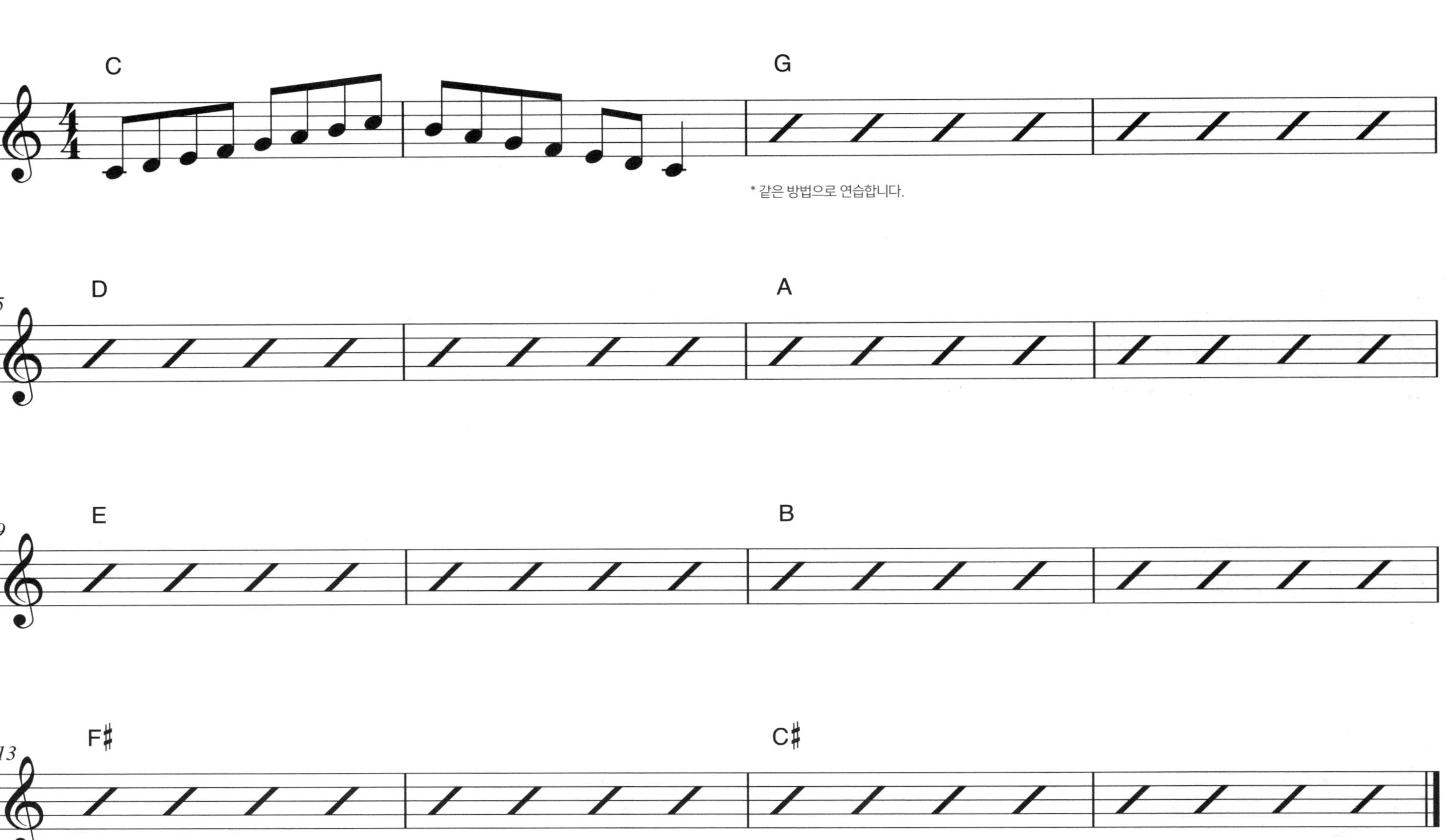

메이저 12 스케일 패턴 연습

♭(플랫) 계열 5도권 스케일

연습 노트

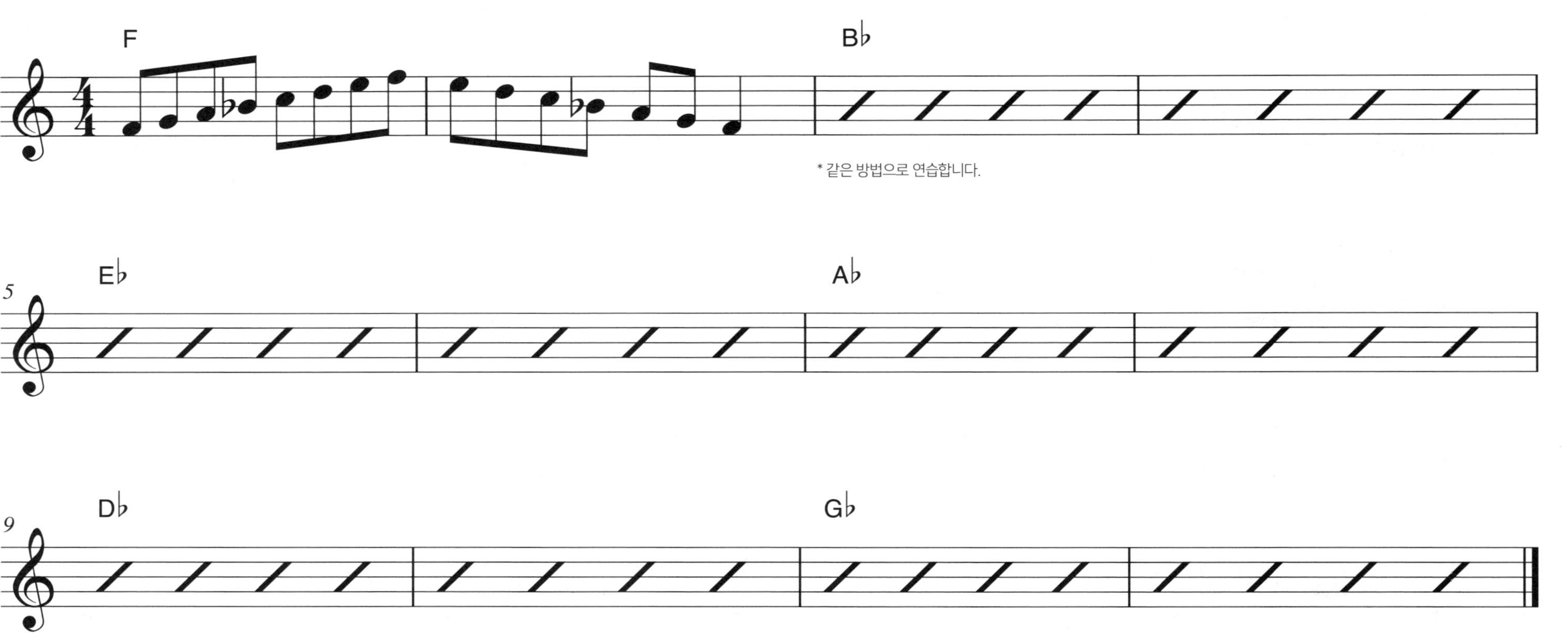

메이저 12 스케일 패턴 연습

반음 상행스케일

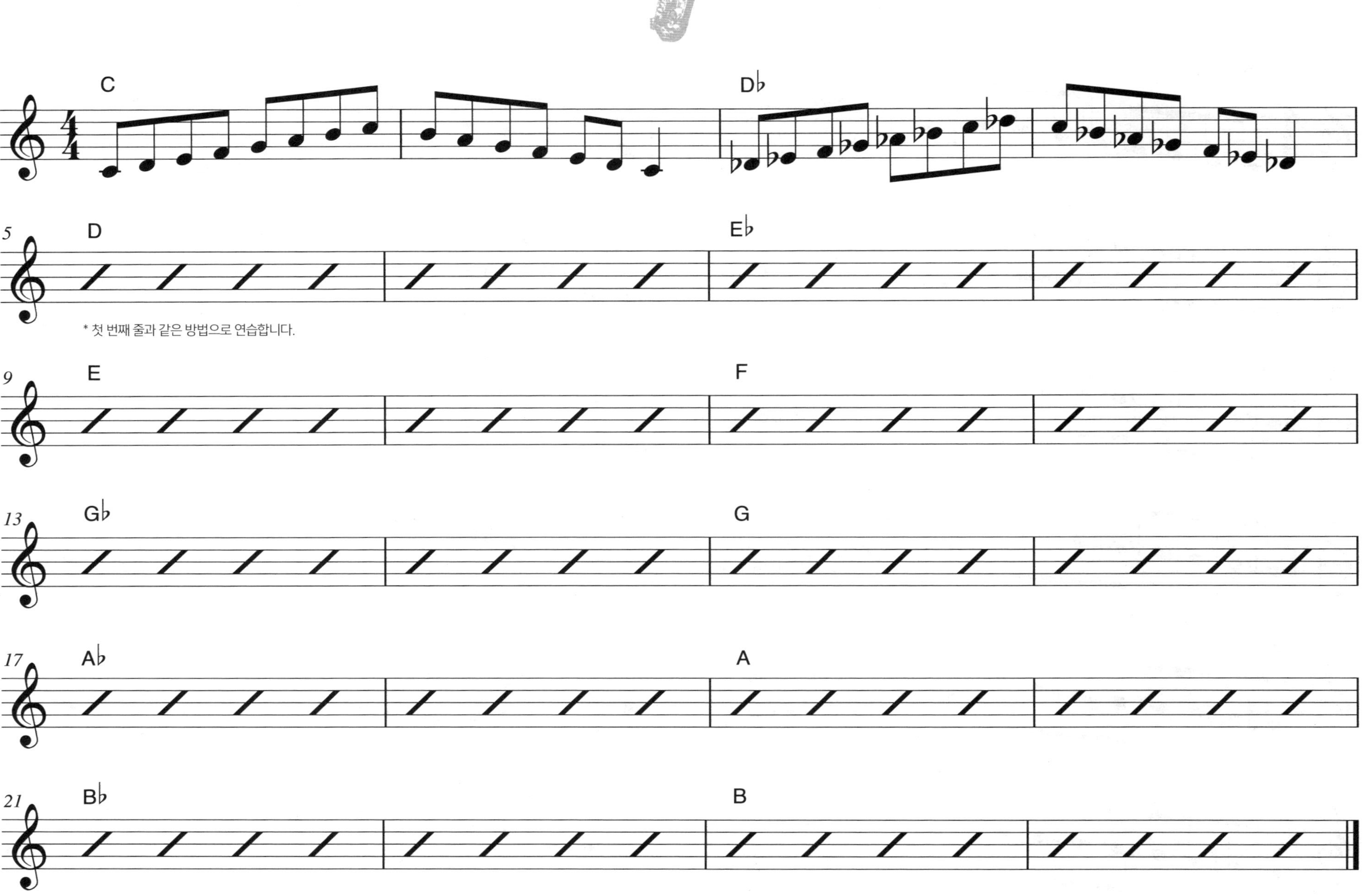

연습 노트
C
D♭
D
E♭
* 첫 번째 줄과 같은 방법으로 연습합니다.
E
F
G♭
G
A♭
A
B♭
B

메이저 12 스케일 패턴 연습

5도권 진행 스케일

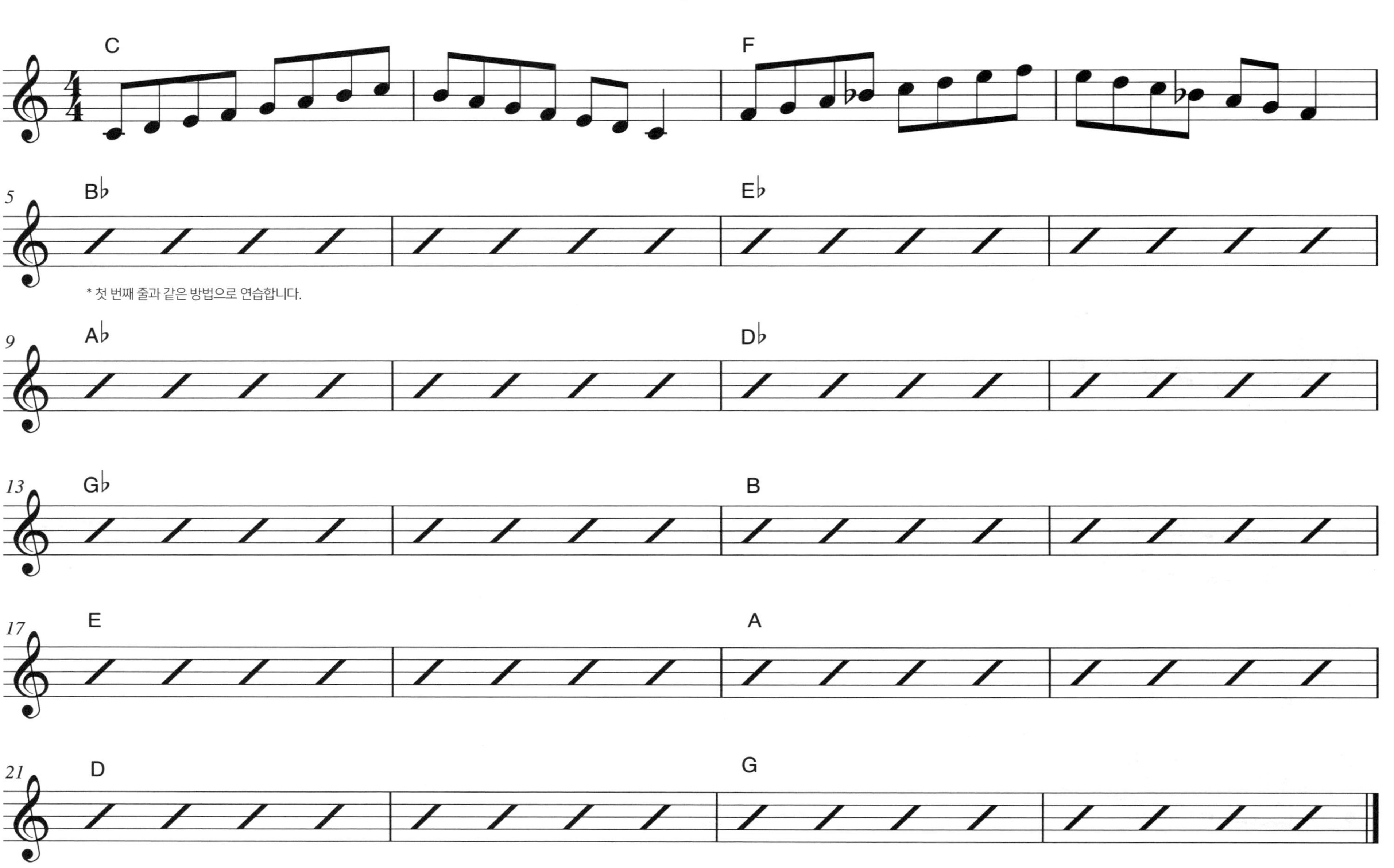
연습 노트
C
F
4/4
5 Bb
Eb
* 첫 번째 줄과 같은 방법으로 연습합니다.
9 Ab
Db
13 Gb
B
17 E
A
21 D
G
Part 4. 코드톤 / 메이저 12 스케일 패턴 연습   227

메이저 12 스케일 패턴 연습

반음 상하행 스케일

연습 노트

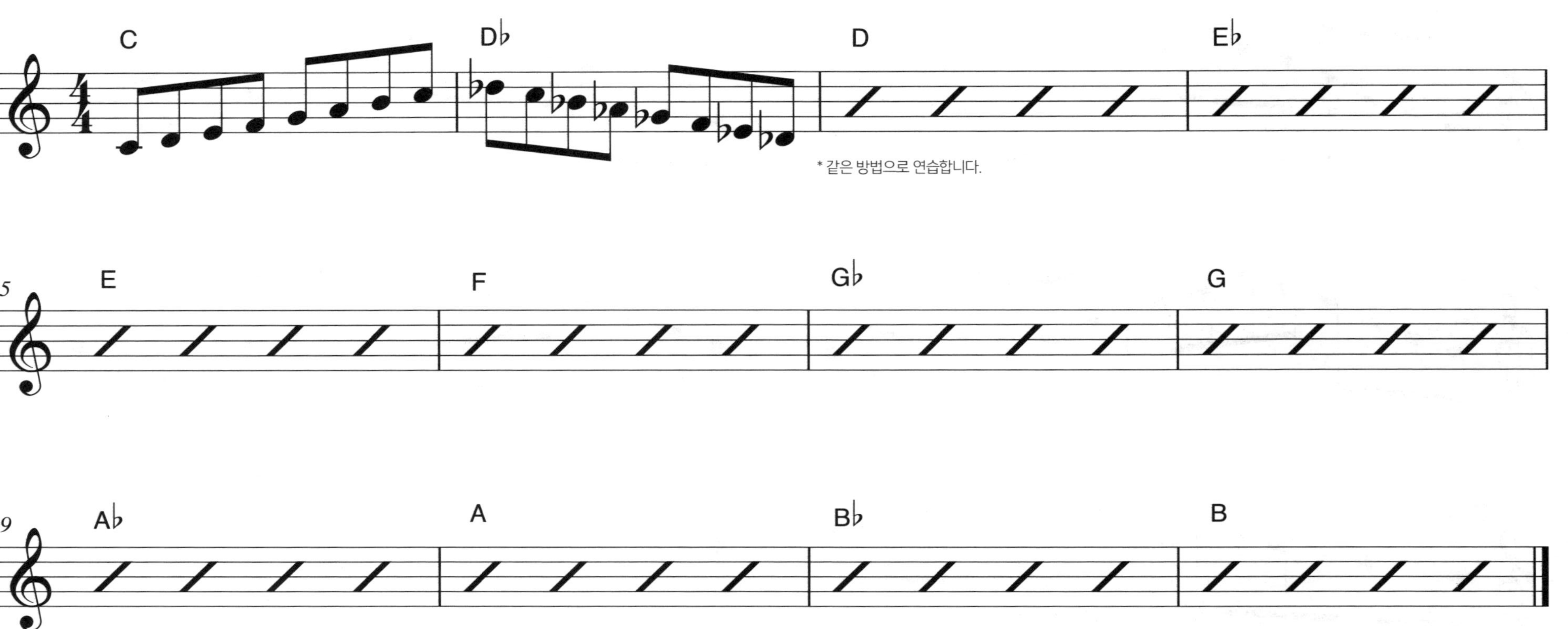

다이아토닉 코드톤 3화음

연습 노트

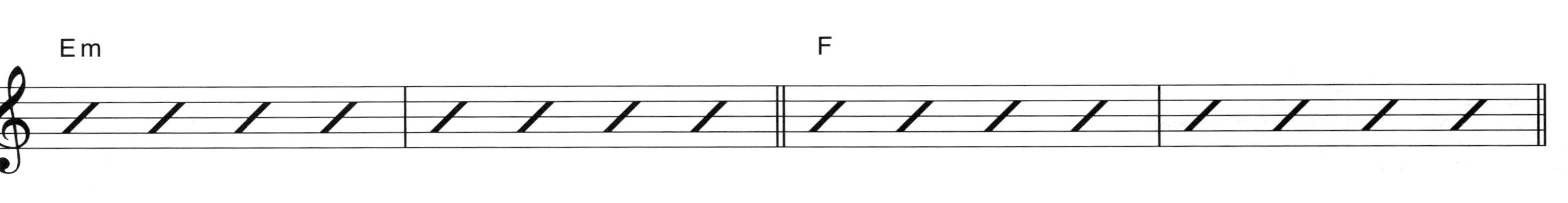

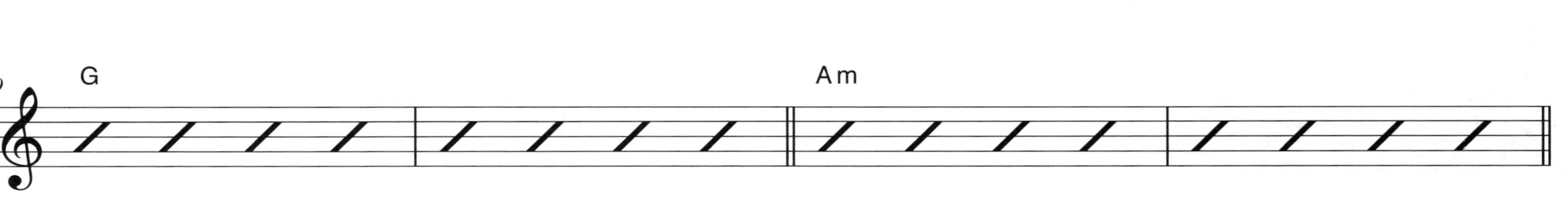

G Major
G
Am
Bm
C
D
Em
F#dim

연습 노트

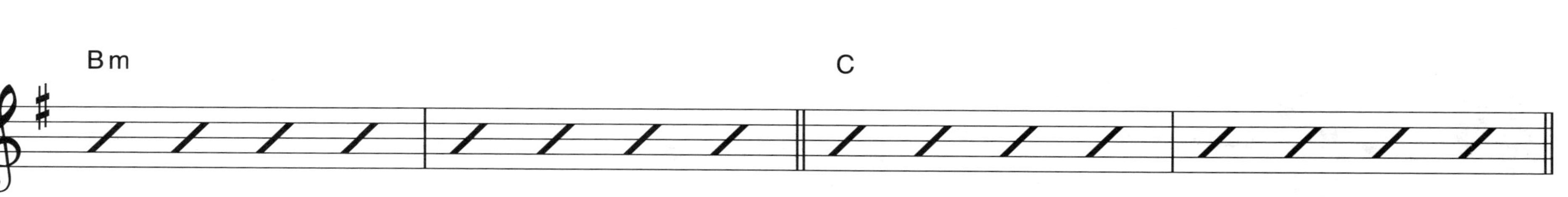

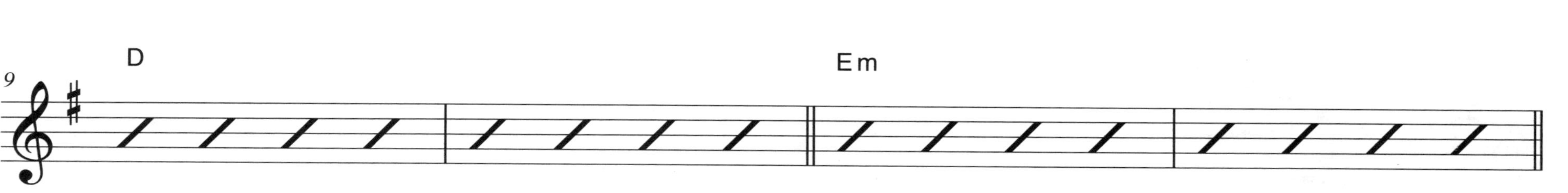

D Major
D
Em
F#m
G
A
Bm
C#dim

연습 노트

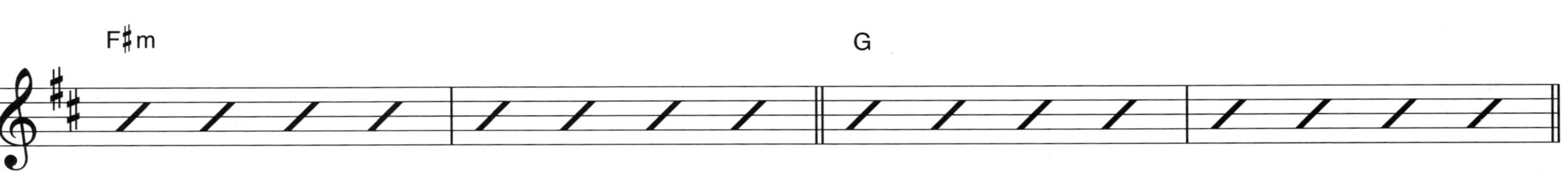

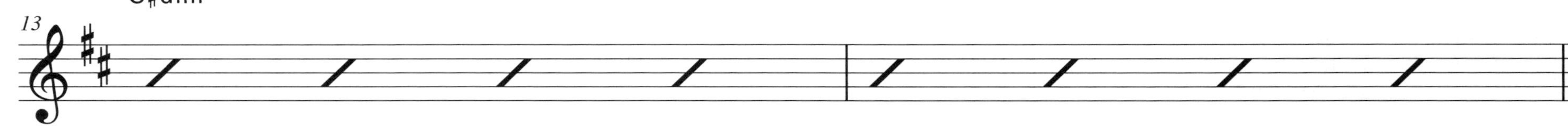

E Major
E
F#m
G#m
A
B
C#m
D#dim

연습 노트

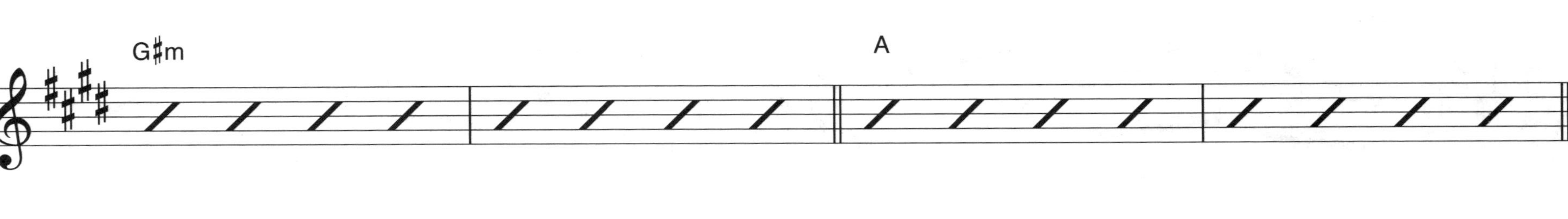

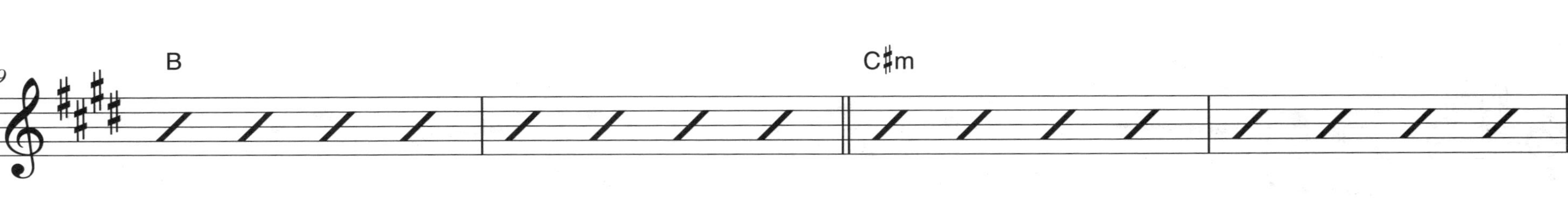

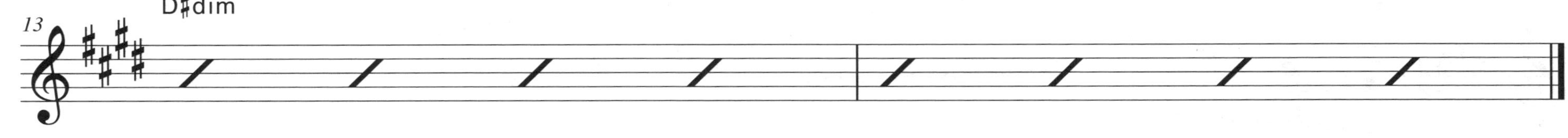

B Major

B   C#m

D#m   E

F#   G#m

A#dim

연습 노트
B
C#m
D#m
E
F#
G#m
A#dim
* 같은 방법으로 연습합니다.

F# Major
F#
G#m
A#m
B
C#
D#m
Fdim(E#dim)

연습 노트

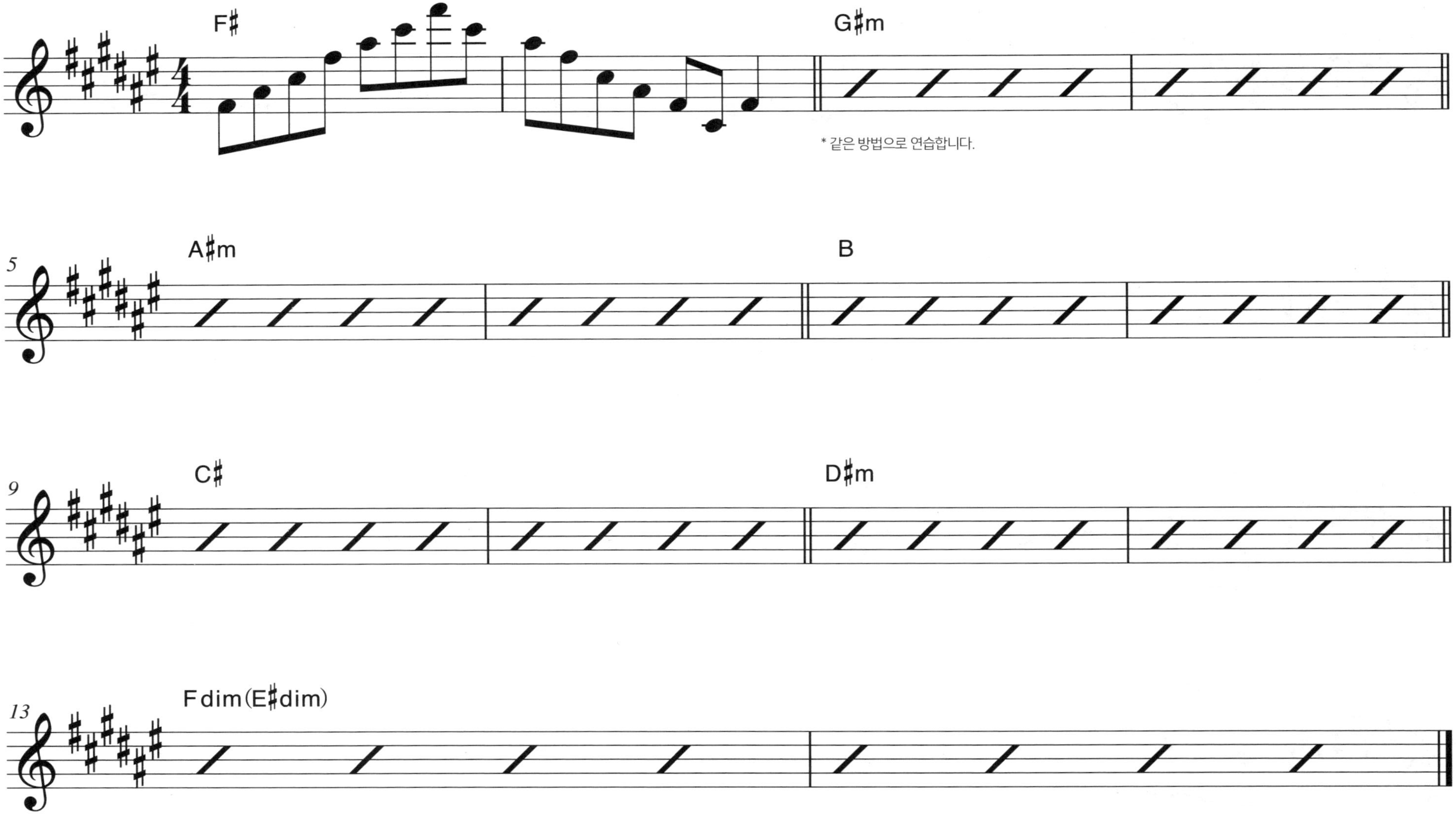

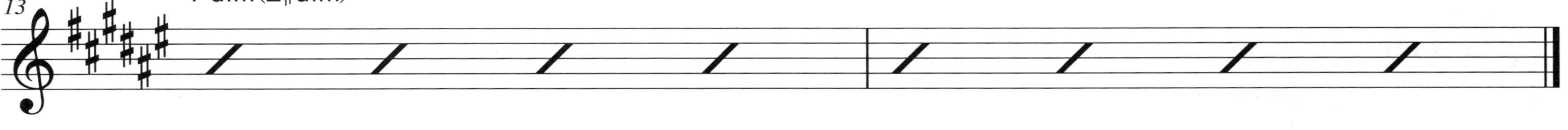

C# Major
C#
D#m
Fm(E#m)
F#
G#
A#m
Cdim(B#dim)

연습 노트

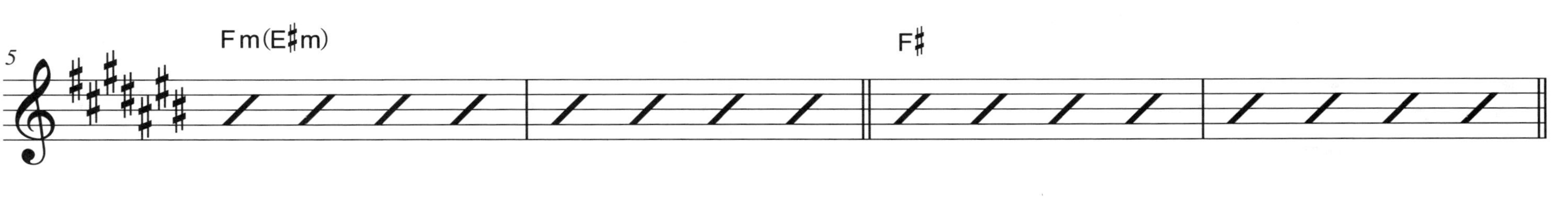
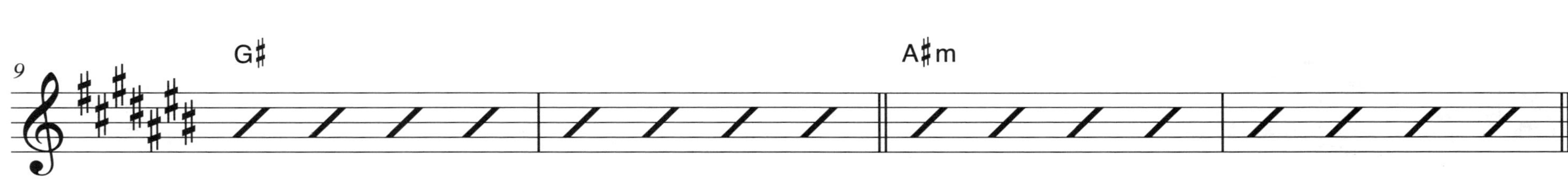
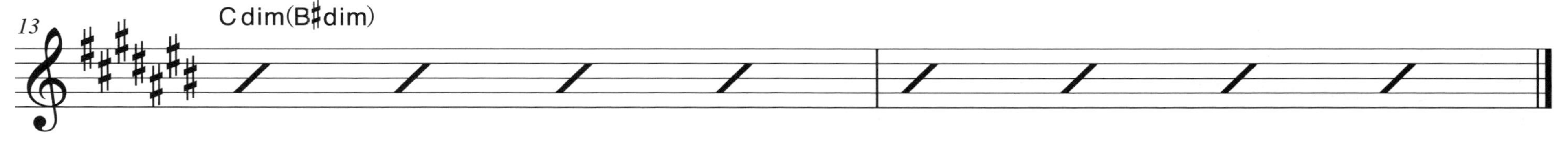

F Major
F
Gm
Am
Bb
C
Dm
Edim

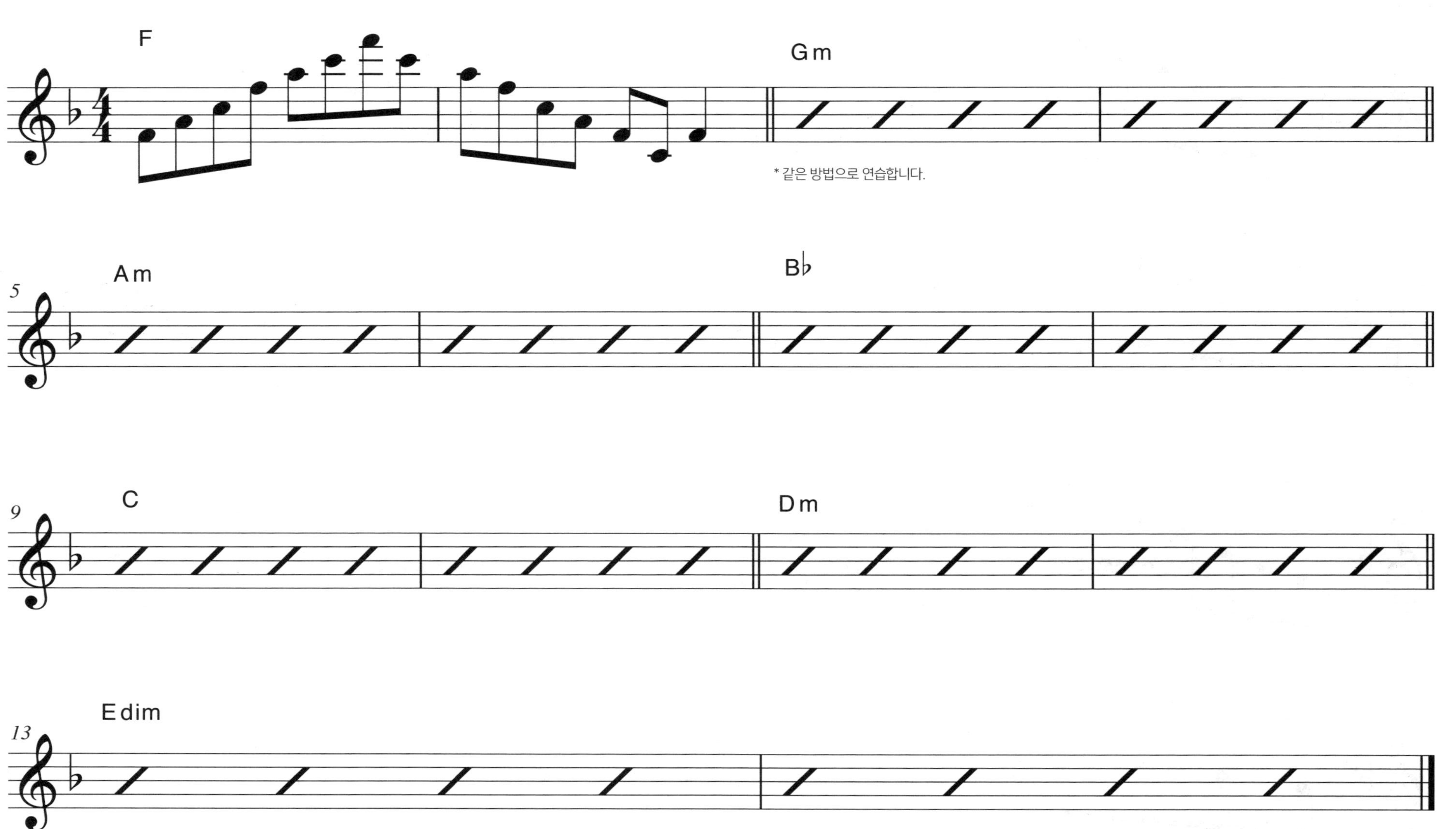

연습 노트
F
Gm
* 같은 방법으로 연습합니다.
Am
B♭
C
Dm
Edim

Bb Major
Bb
Cm
Dm
Eb
F
Gm
Adim

연습 노트

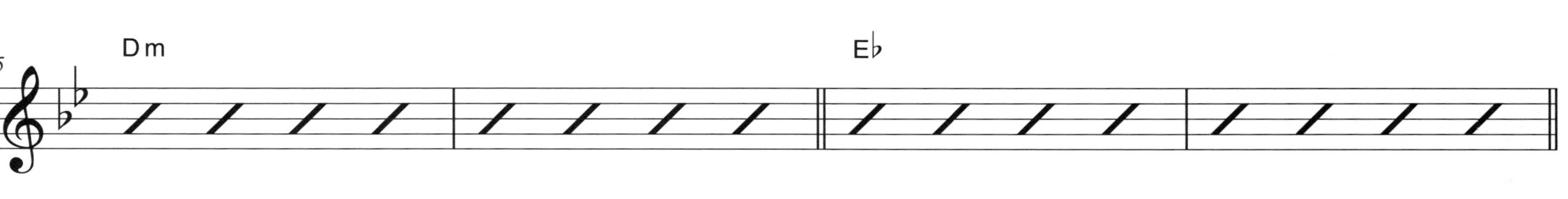

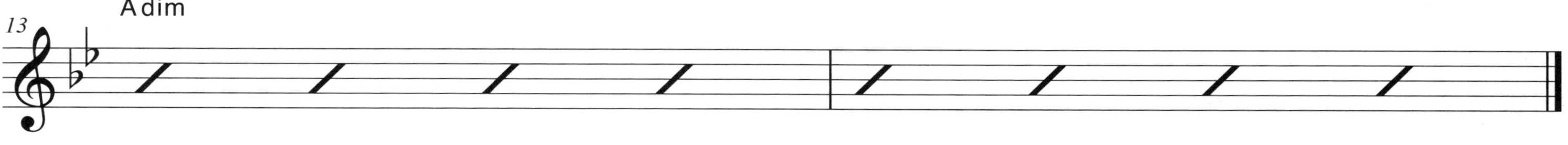

E♭ Major
Eb
Fm
Gm
Ab
Bb
Cm
Ddim
5
9
13

연습 노트

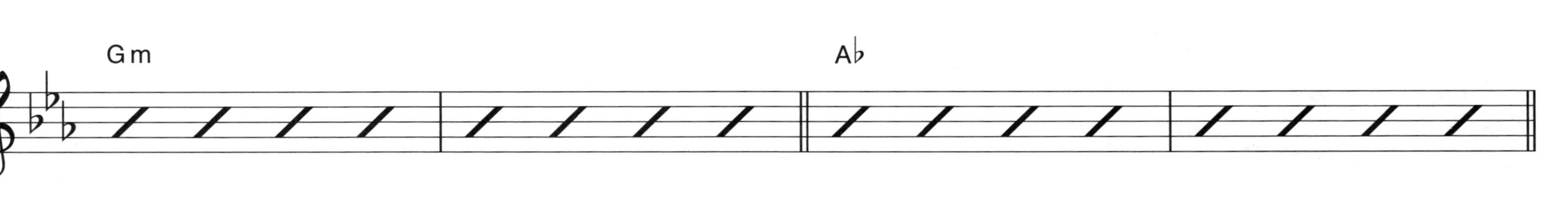

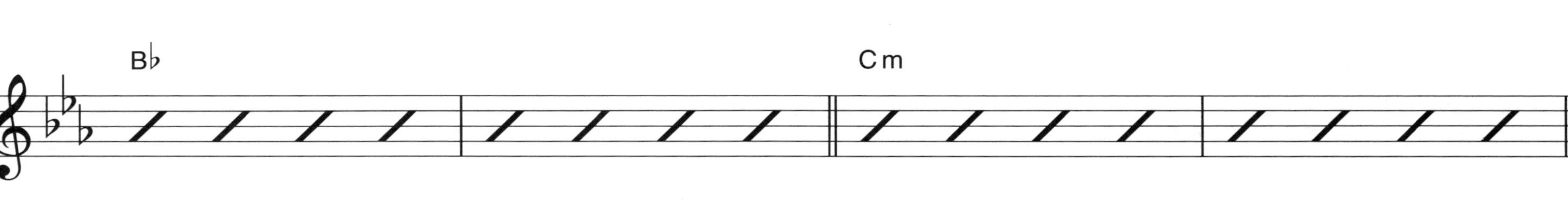

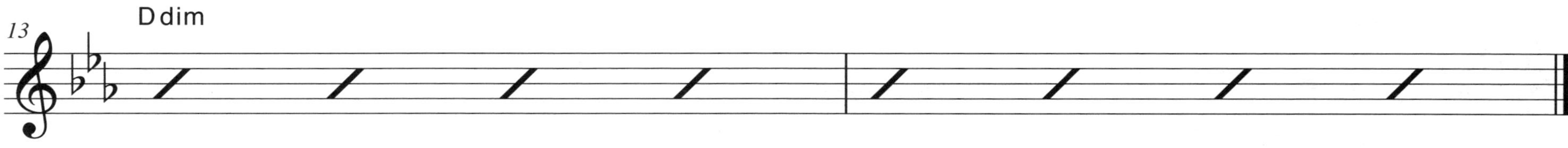

Ab Major
Ab
Bbm
Cm
Db
Eb
Fm
Gdim
5
9
13

연습 노트

Db Major
Db
Ebm
Fm
Gb
Ab
Bbm
Cdim

연습 노트

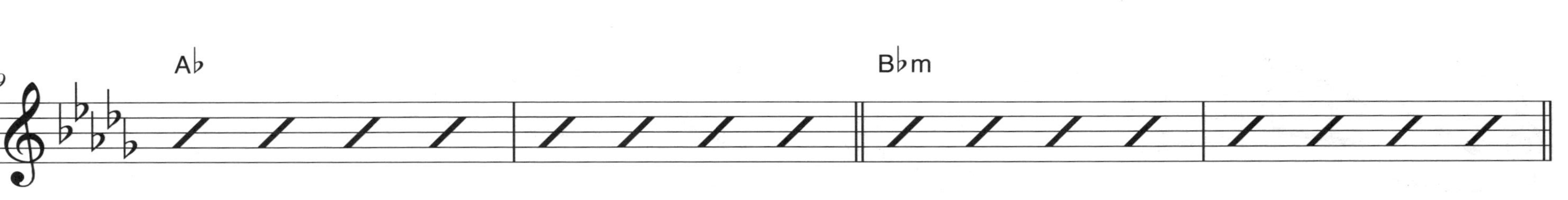

다이아토닉 코드톤 7화음

연습 노트

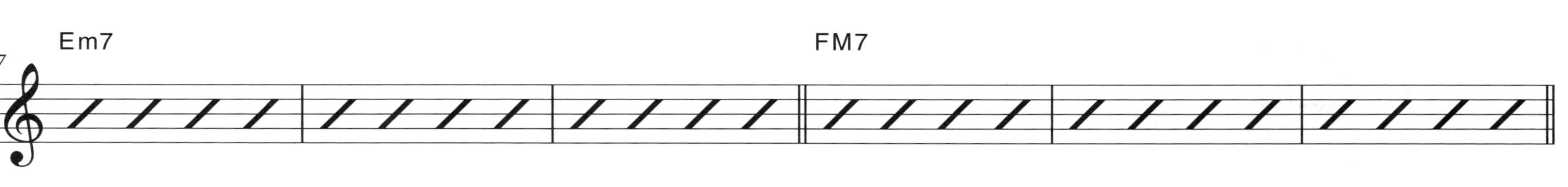

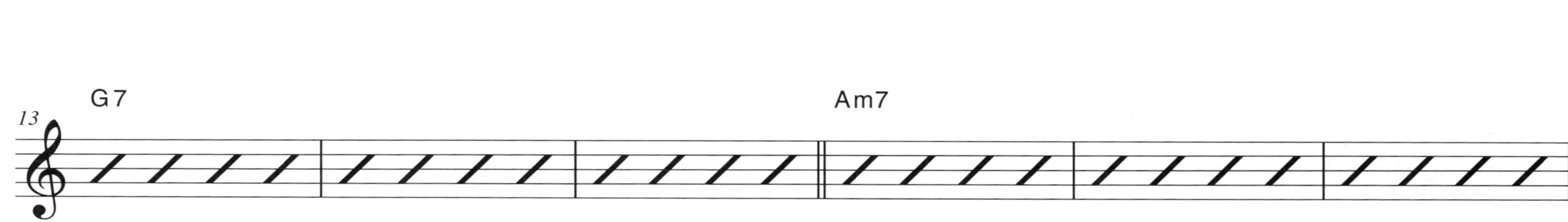

G Major
GM7
Am7
Bm7
CM7
D7
Em7
F#m7(b5)

연습 노트

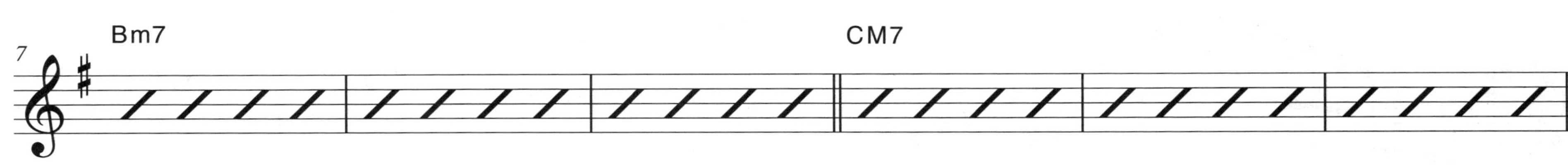

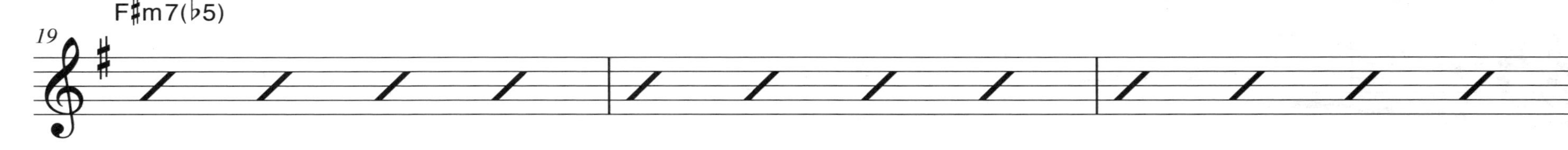

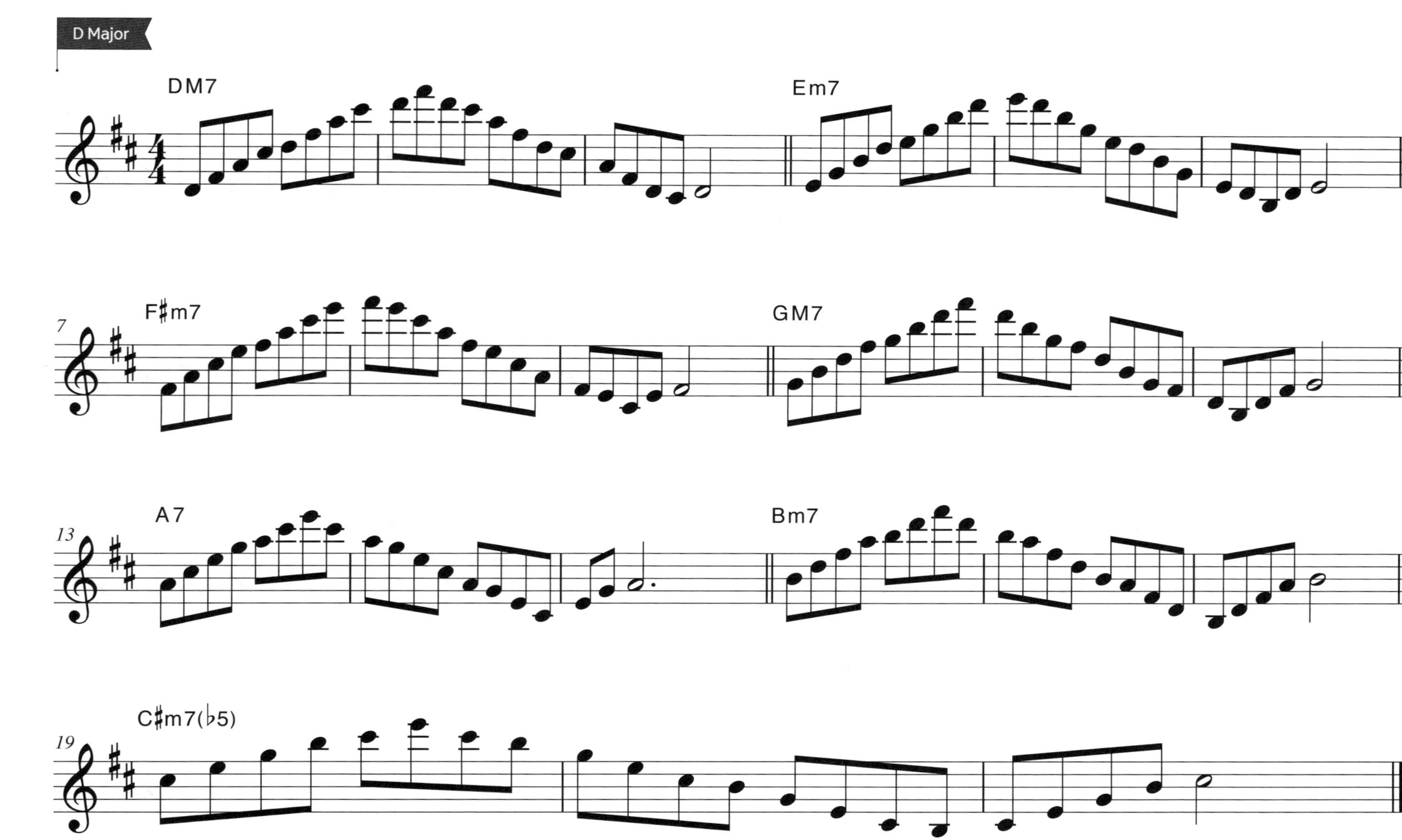

D Major
DM7
Em7
F#m7
GM7
A7
Bm7
C#m7(♭5)
7
13
19

연습 노트

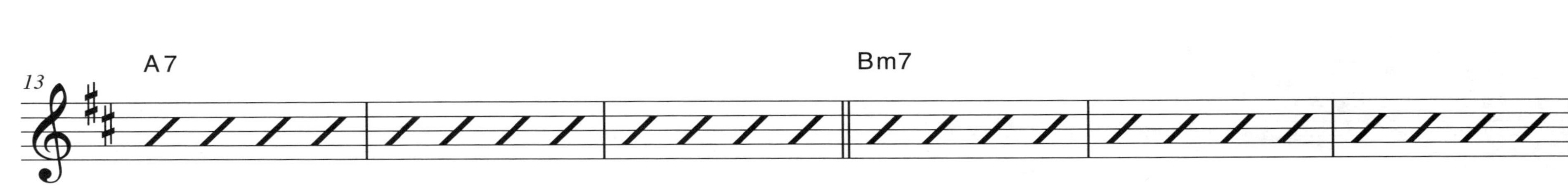

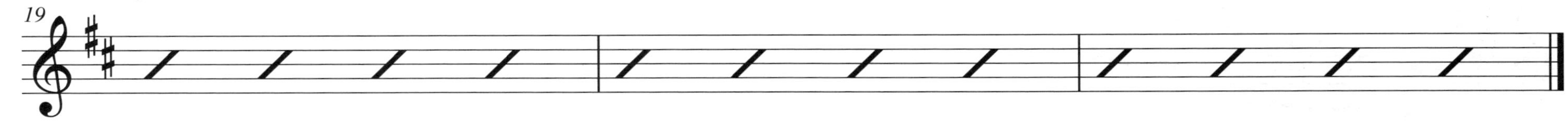

A Major

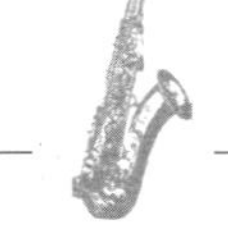

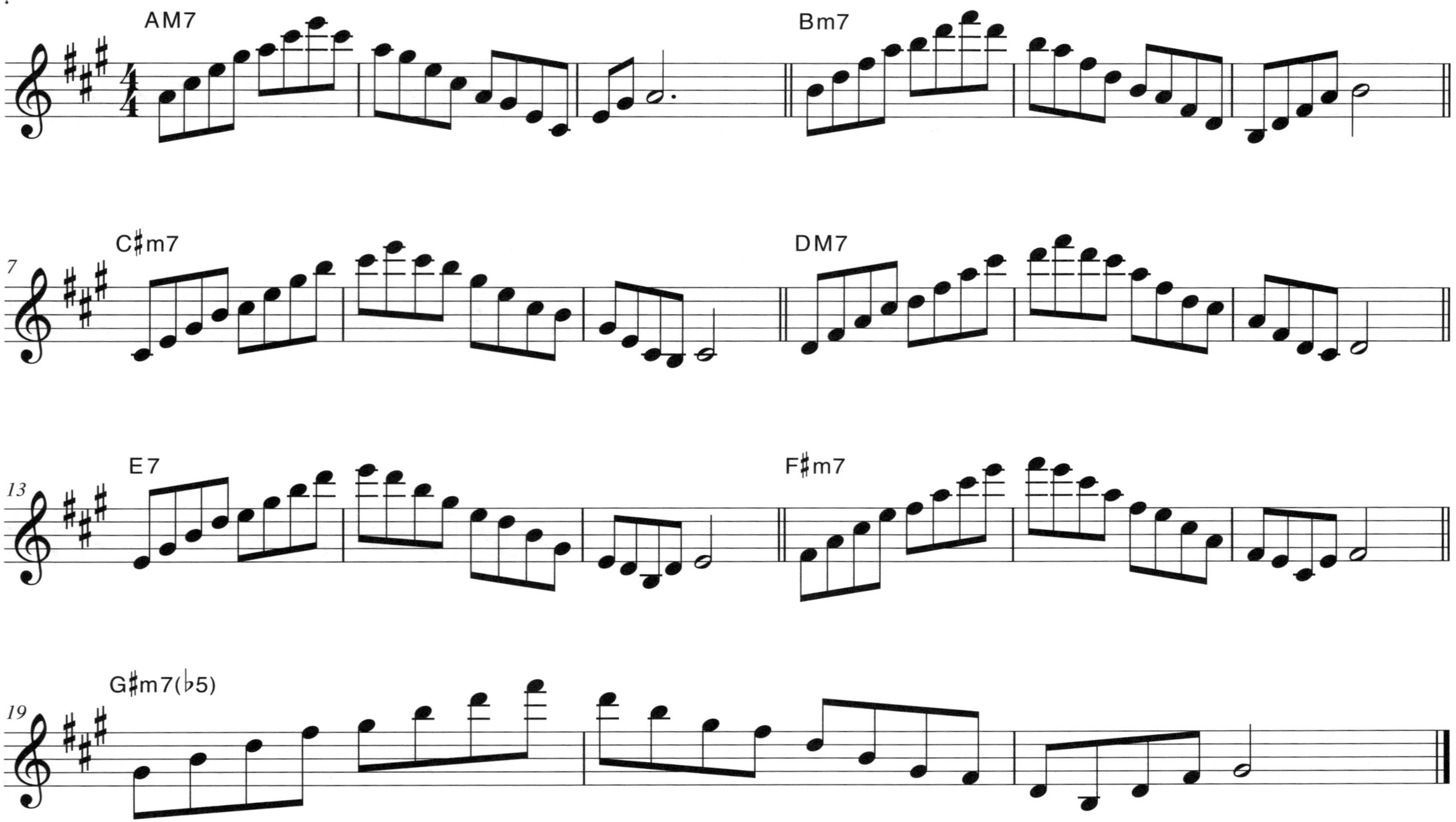
AM7
Bm7
7
C♯m7
DM7
13
E7
F♯m7
19
G♯m7(♭5)

연습 노트

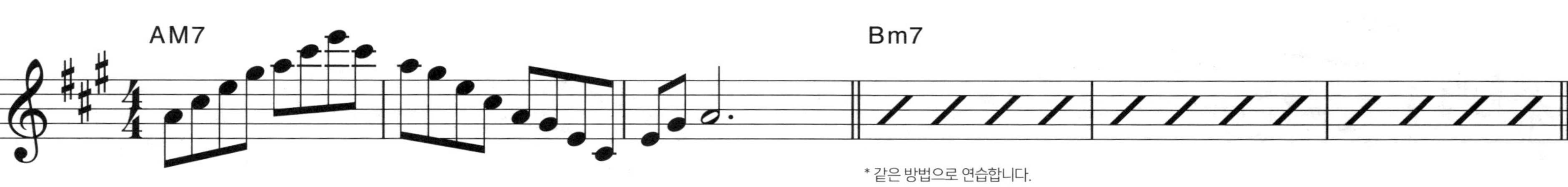

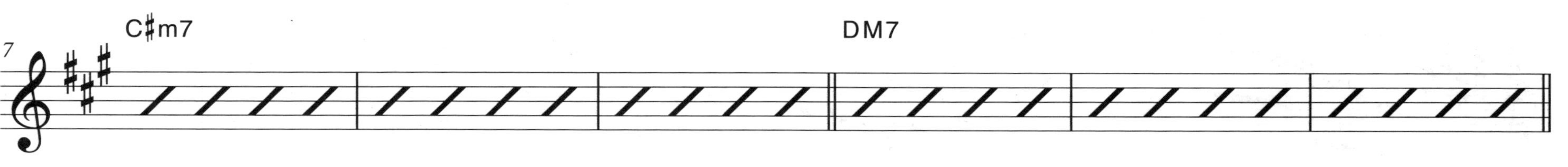

E Major
EM7
F#m7
G#m7
AM7
B7
C#m7
D#m7(b5)

연습 노트

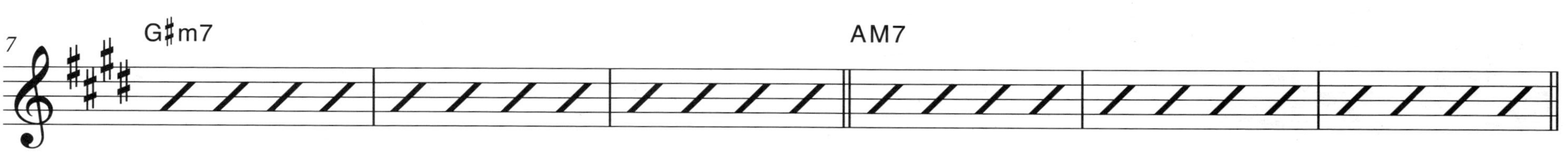
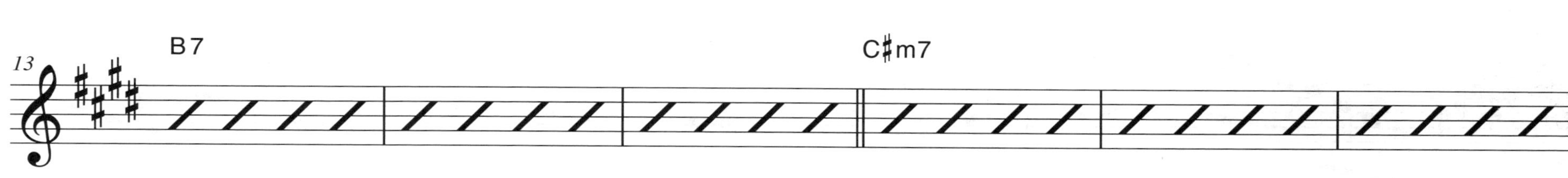
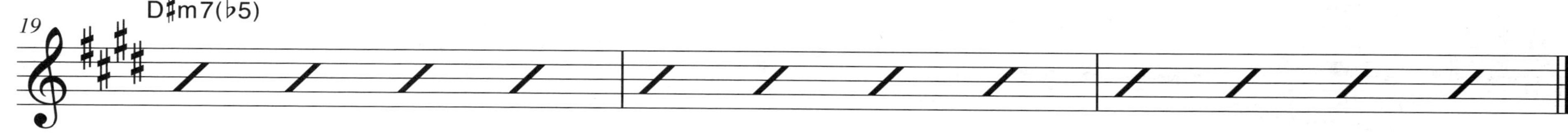

B Major
BM7
C#m7
D#m7
EM7
F#7
G#m7
A#m7(b5)

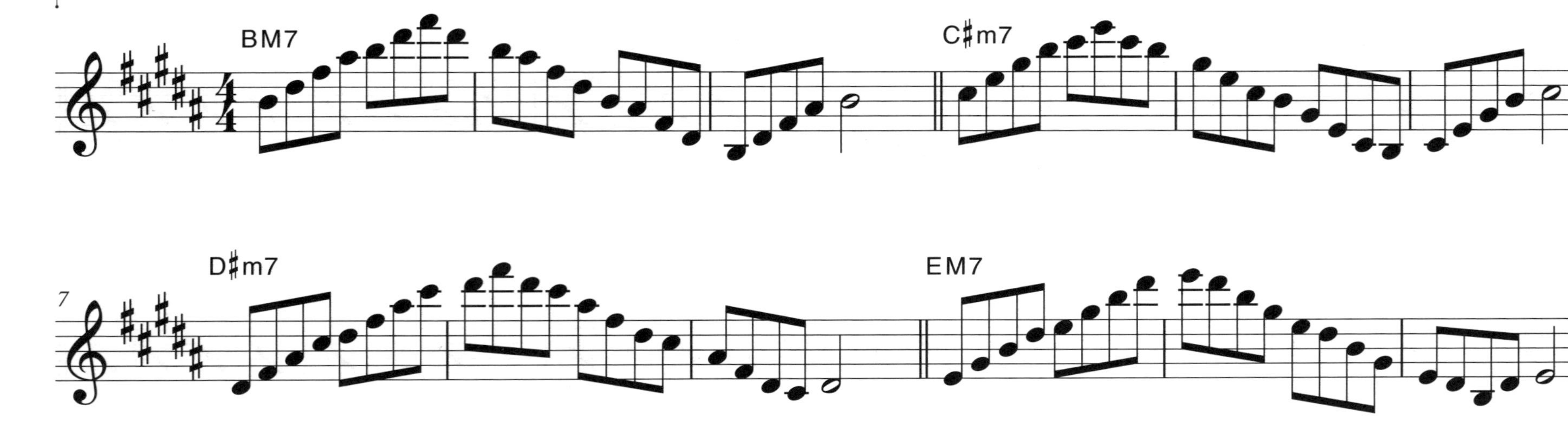

연습 노트

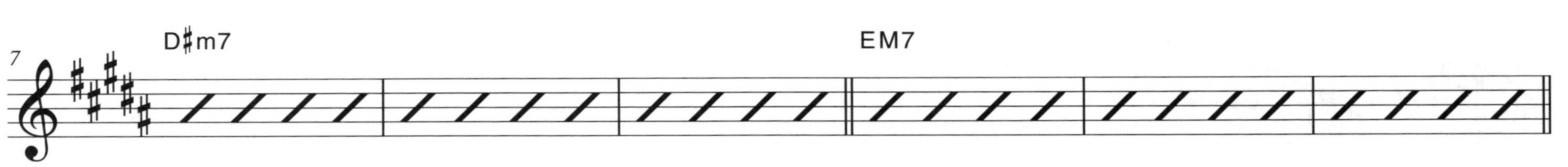

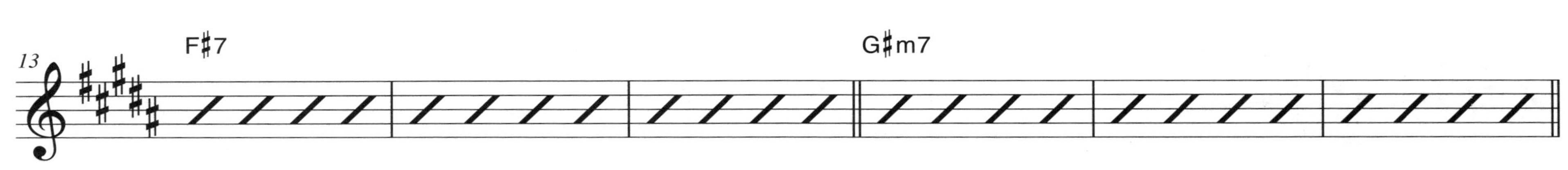

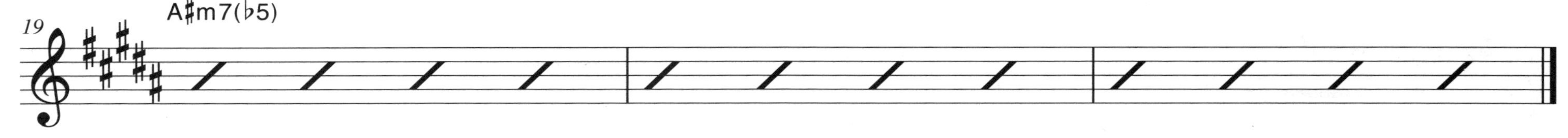

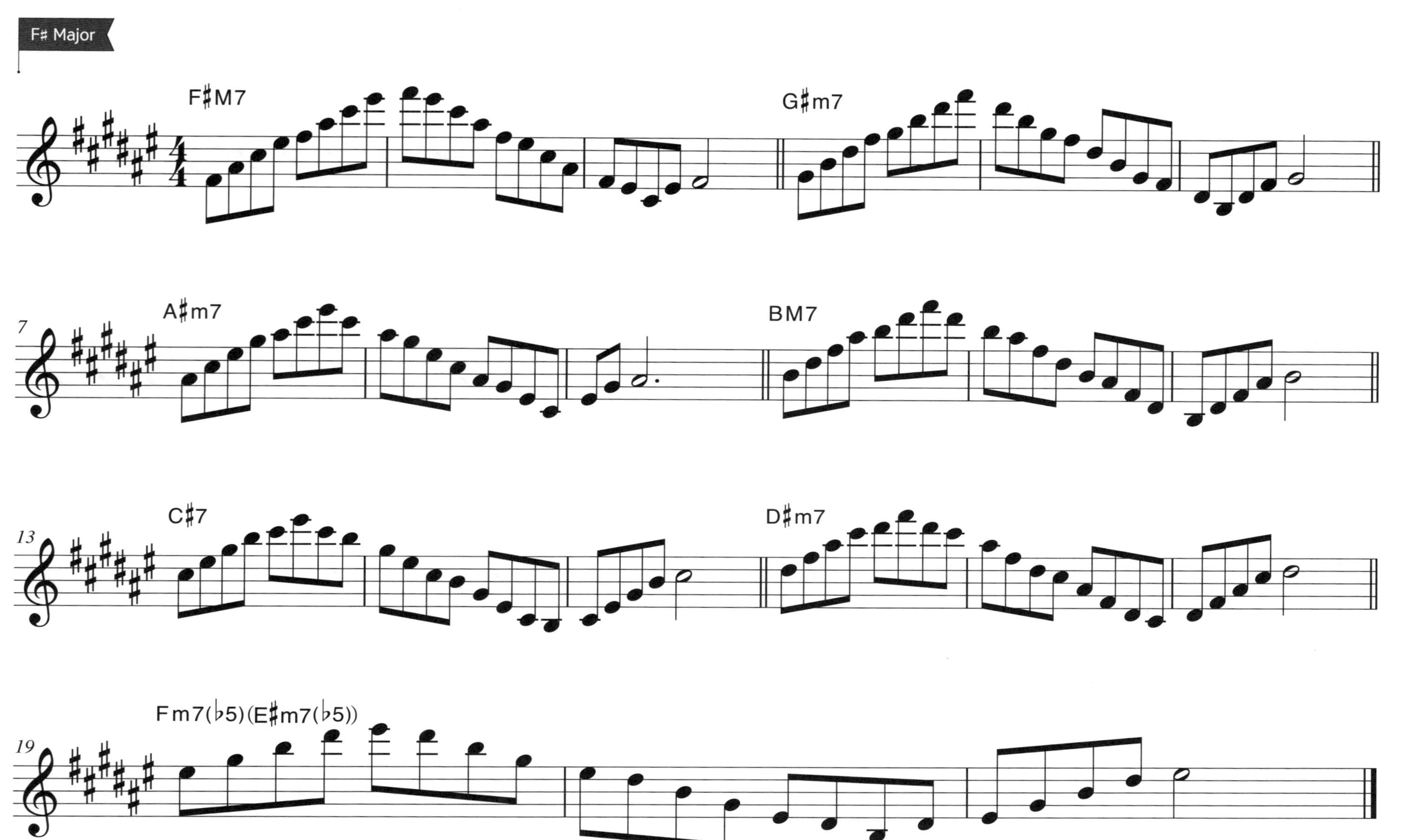
F#M7
G#m7
A#m7
BM7
C#7
D#m7
Fm7(♭5)(E#m7(♭5))

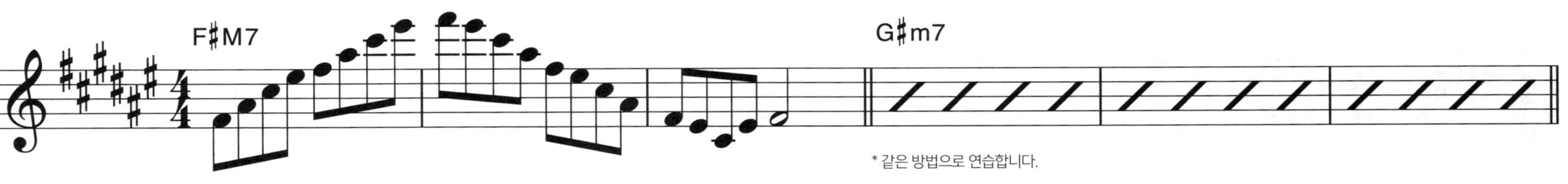
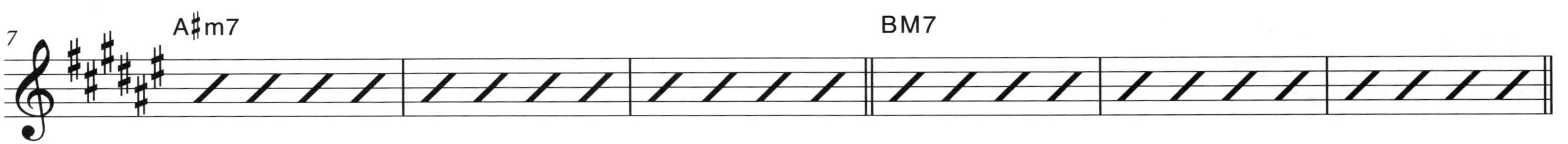
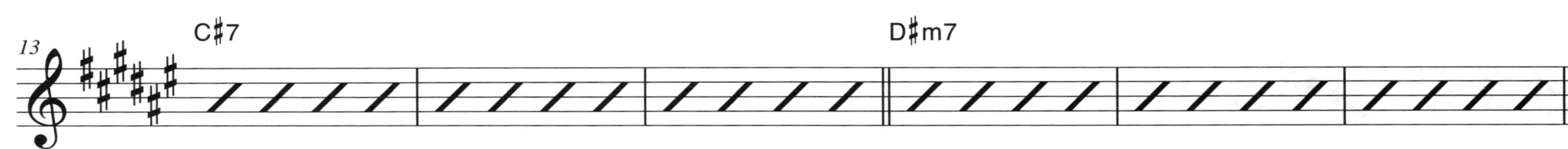
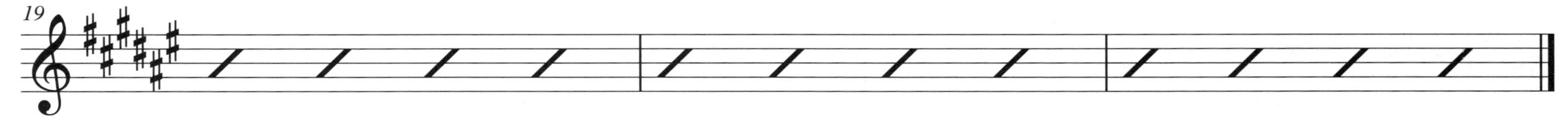
연습 노트
F#M7
G#m7
* 같은 방법으로 연습합니다.
A#m7
BM7
C#7
D#m7
Fm7(♭5)(E#m7(♭5))

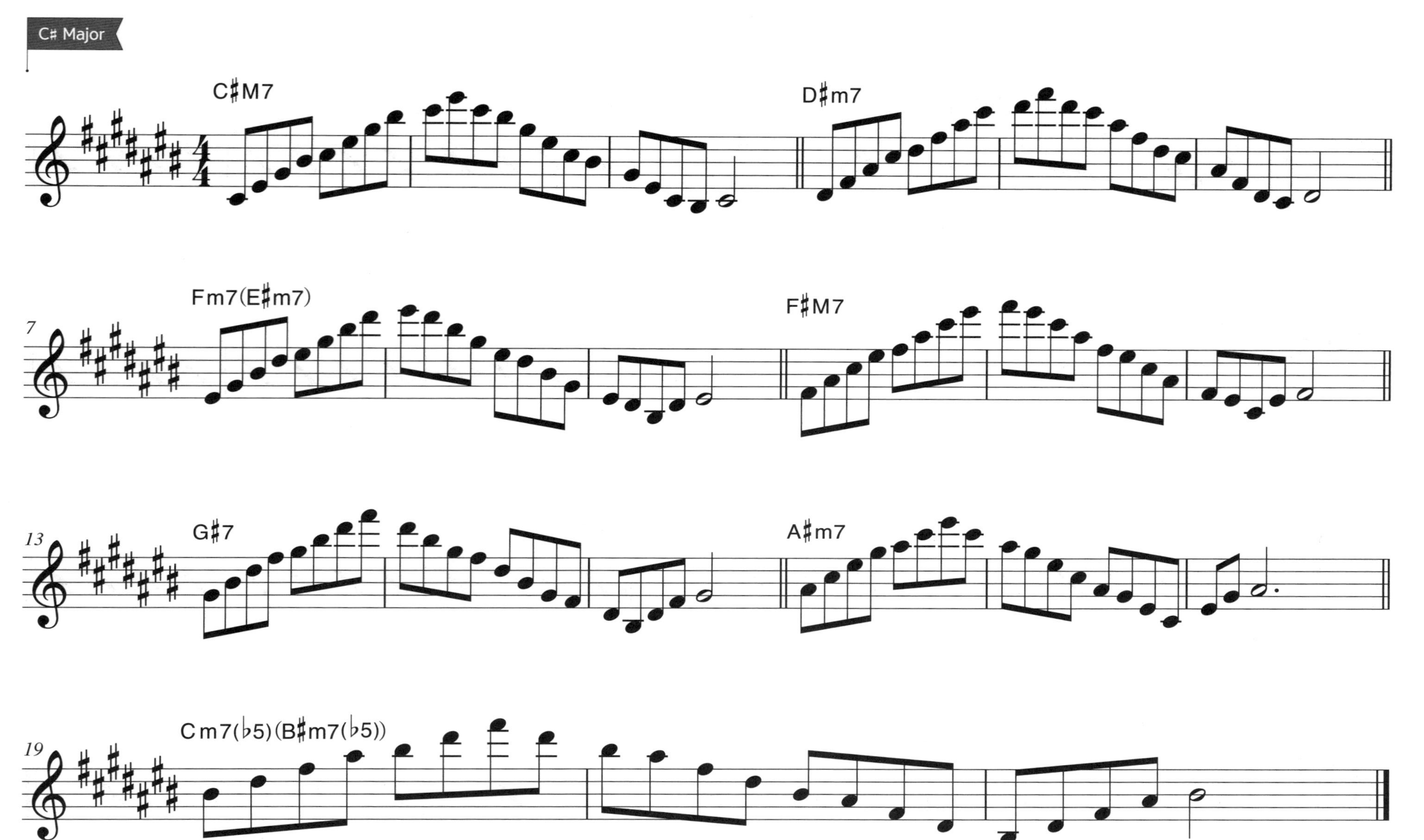
C♯ Major
C♯M7
D♯m7
Fm7(E♯m7)
F♯M7
G♯7
A♯m7
Cm7(♭5)(B♯m7(♭5))
7
13
19

연습 노트

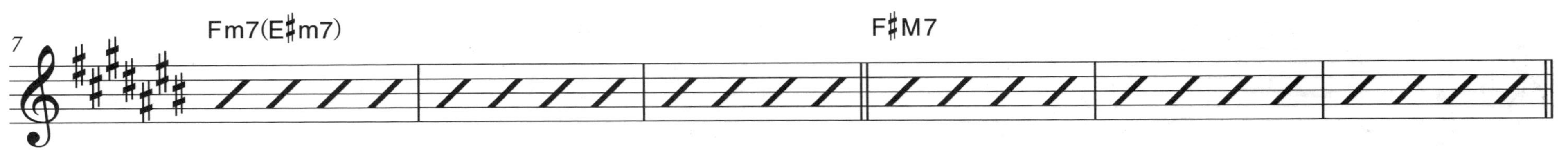

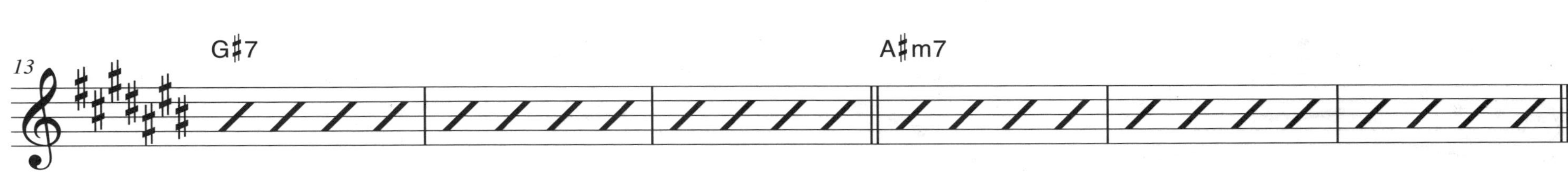

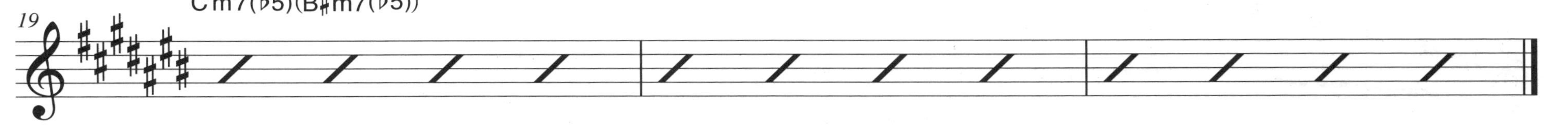

F Major
FM7
Gm7
Am7
BbM7
C7
Dm7
Em7(b5)

연습 노트

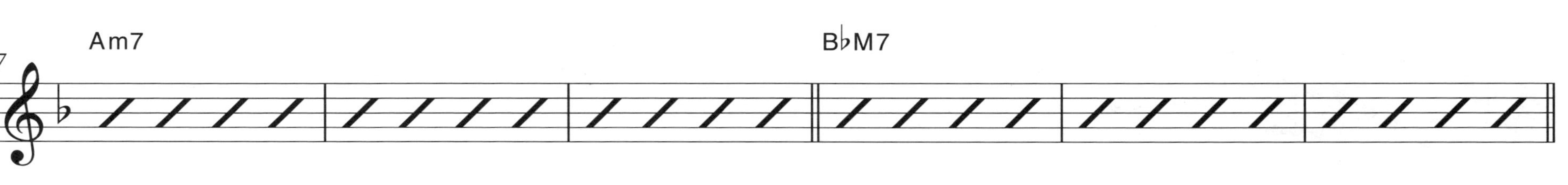
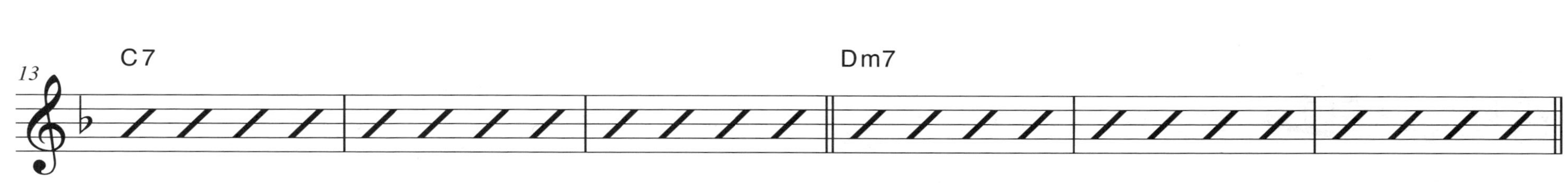
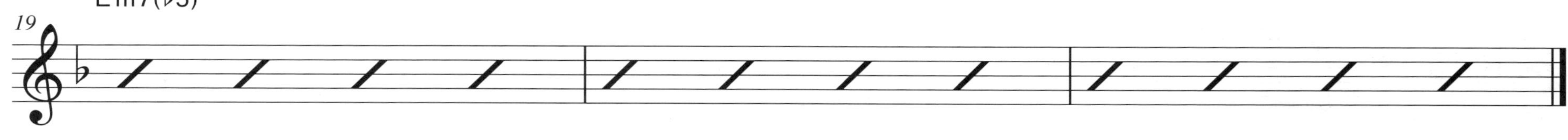

BbM7

Cm7

Dm7

Ebm7

F7

Gm7

Am7(b5)

연습 노트

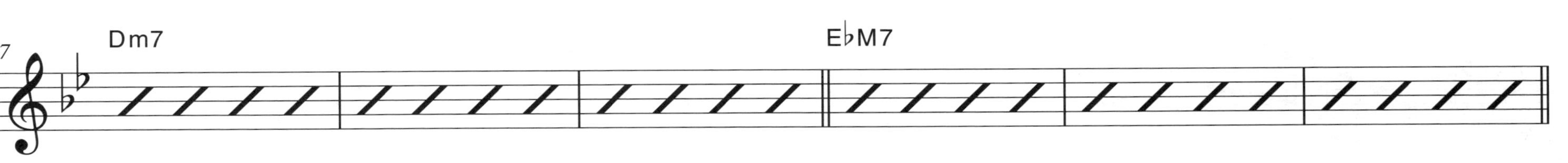

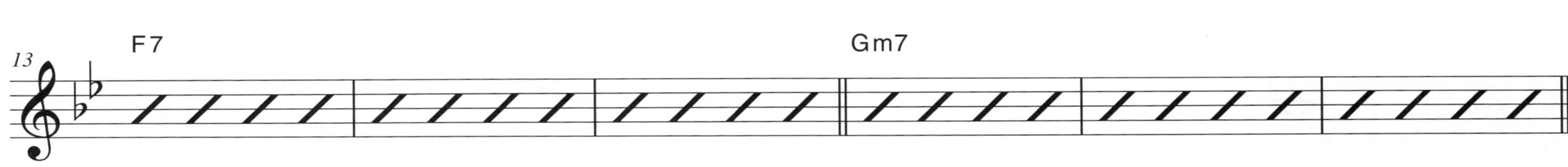

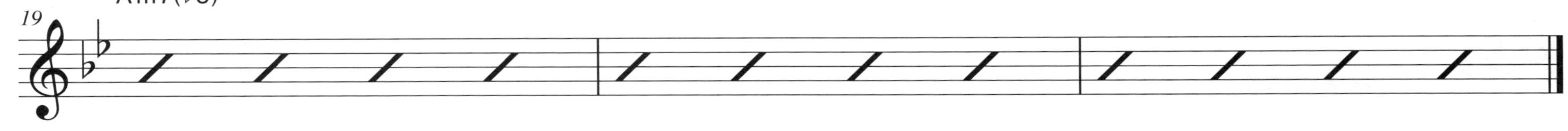

E♭ Major
E♭M7
Fm7
Gm7
A♭M7
B♭7
Cm7
Dm7(♭5)

연습 노트

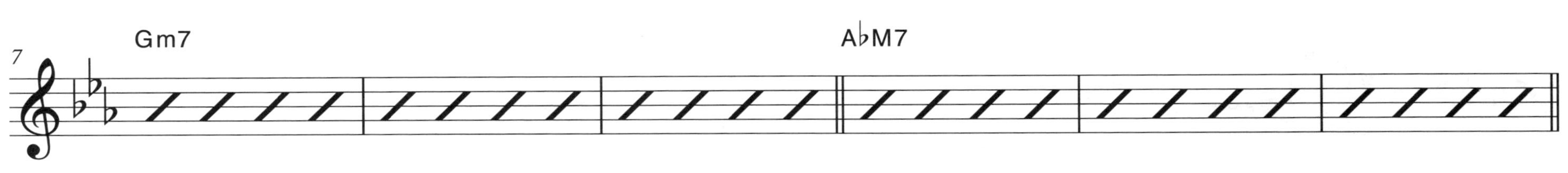
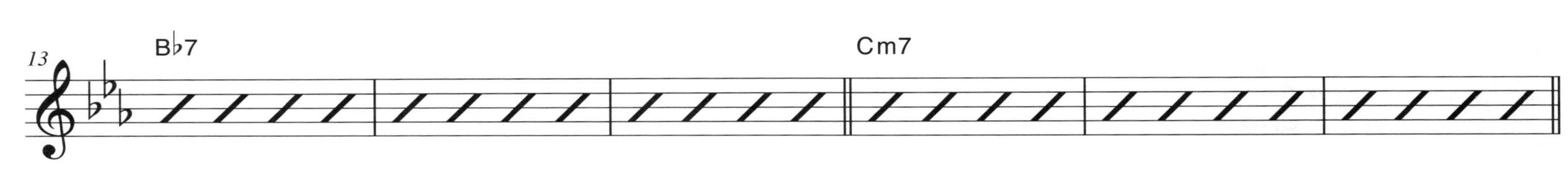
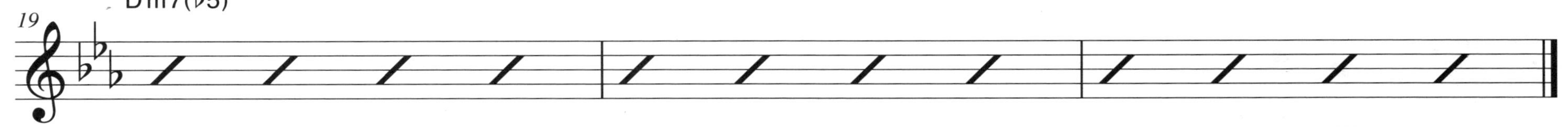

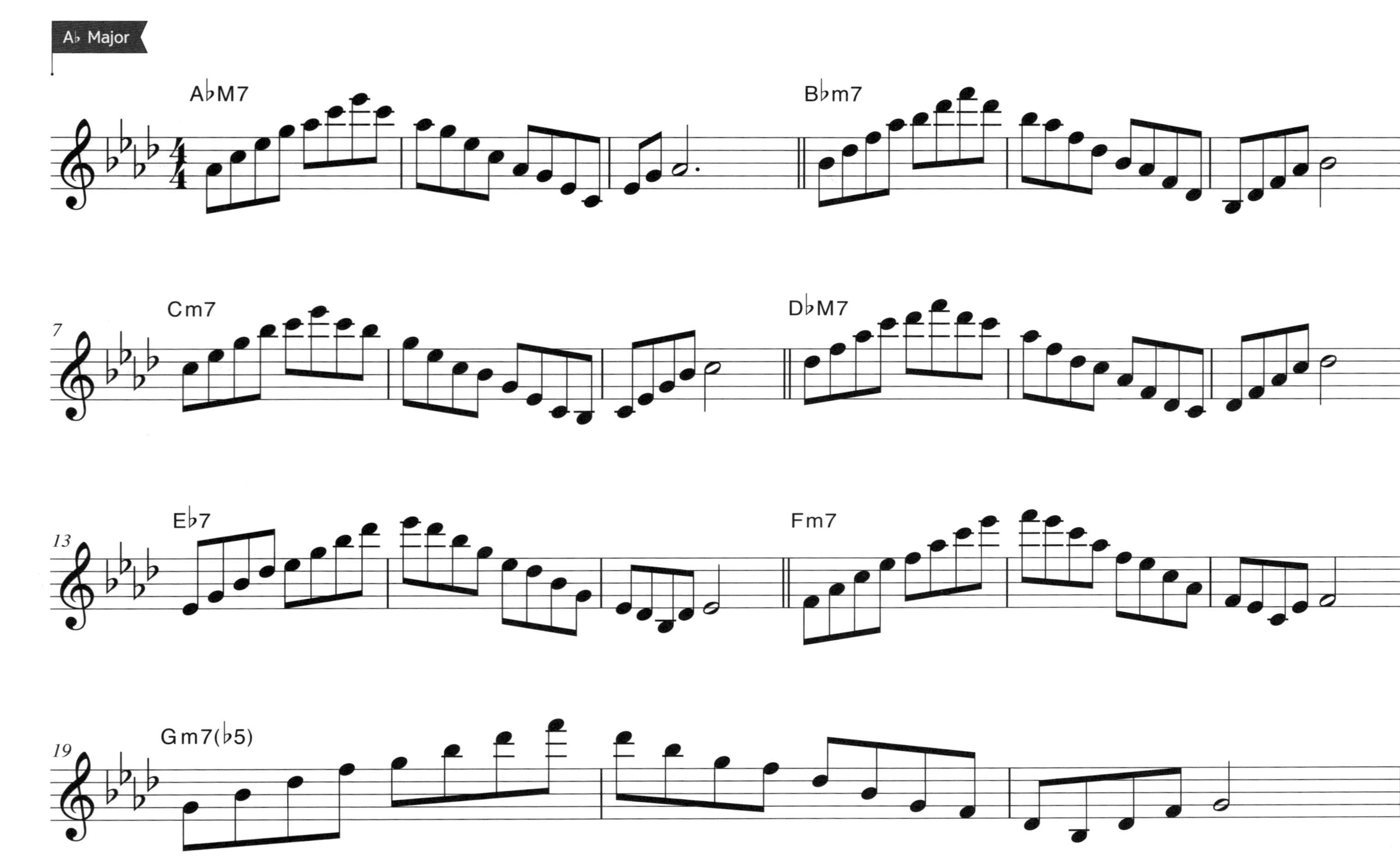

Ab Major
AbM7
Bbm7
Cm7
DbM7
Eb7
Fm7
Gm7(b5)
7
13
19

연습 노트

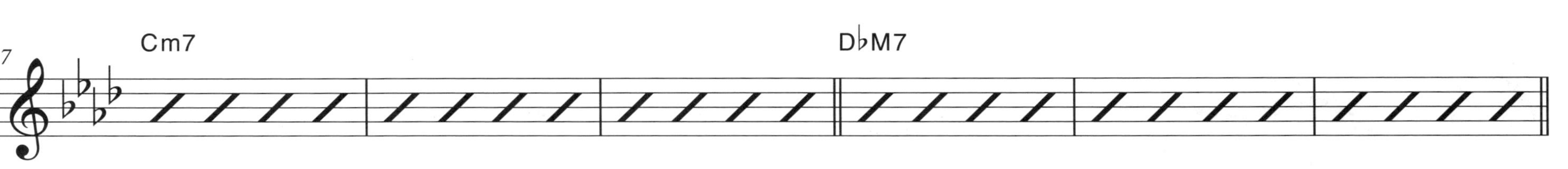
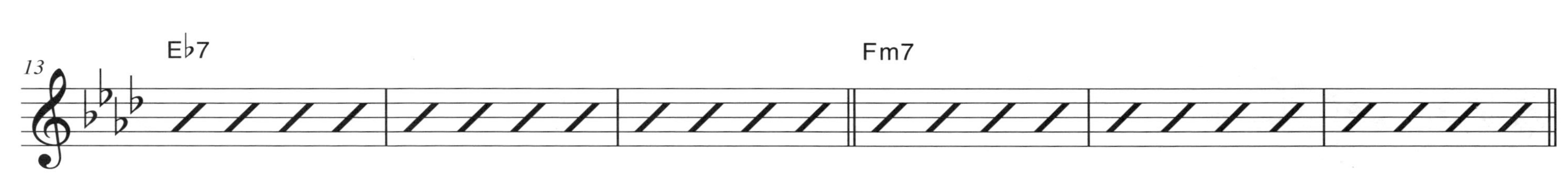
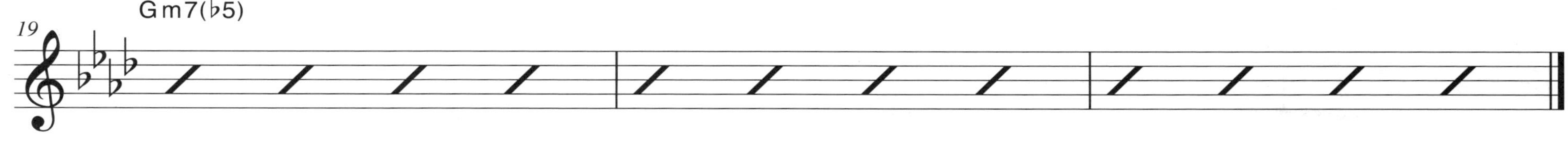

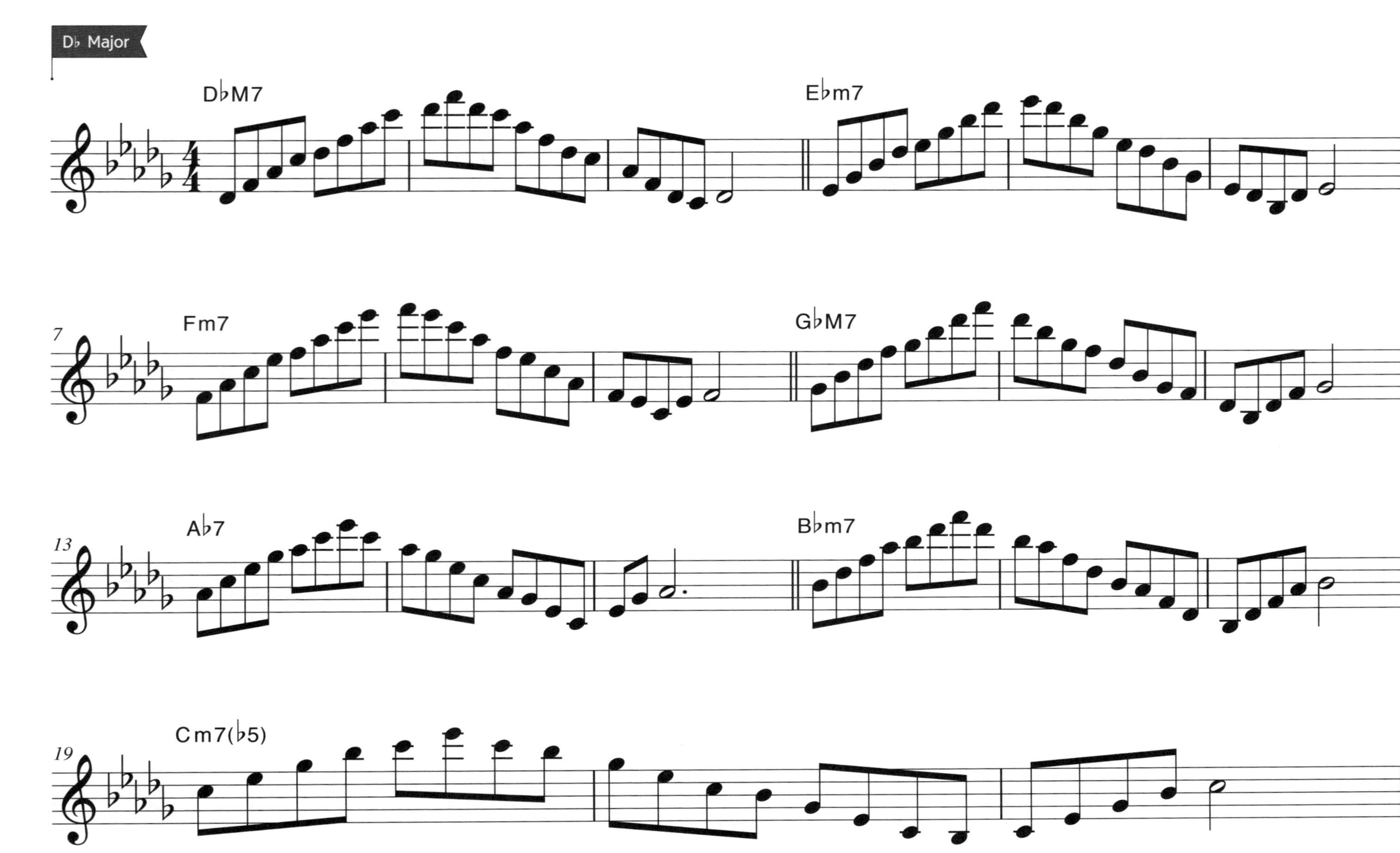
Db Major
DbM7
Ebm7
Fm7
GbM7
Ab7
Bbm7
Cm7(b5)

연습 노트

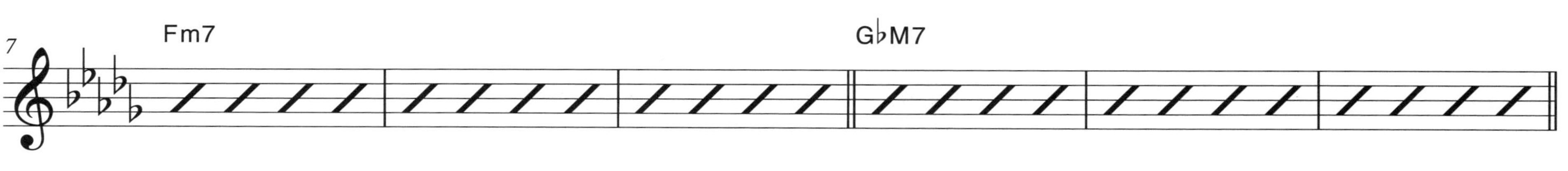

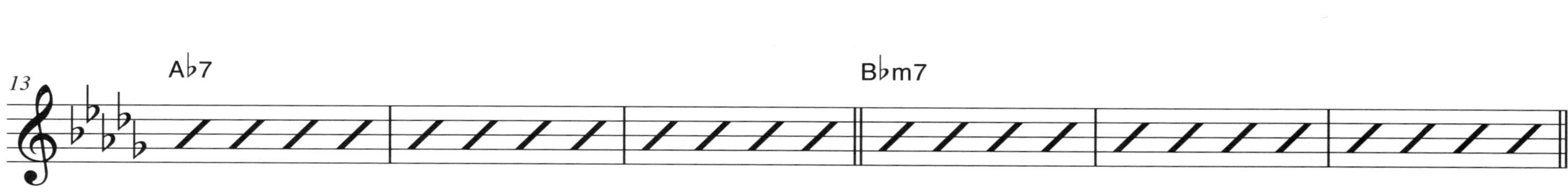

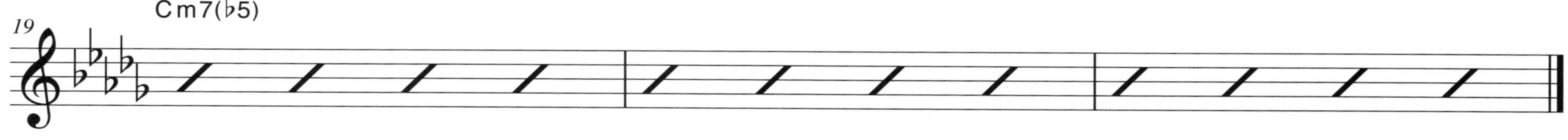

PART. 5

비브라토

더 멋진 연주를 위한
비브라토 연습

더 멋진 연주를 위한
비브라토 연습

비브라토는 곡의 장르나 템포에 따라서 다르게 적용되는 특성이 있으므로
본 교재에 있는 다양한 박자의 비브라토를 꾸준히 연습해야 합니다.

비브라토

비브라토(Vibrato)에 관하여 이야기할 때 많은 사람들이 헷갈려 하는 용어들이 있습니다. 비브라토와 바이브레이션(Vibration)의 정의에 관한 이야기입니다. 비브라토는 음악에서 음을 떠는 기법(기교)으로, 악기와 성악(노래할 때의 목소리) 모두 사용하는 용어이고 바이브레이션(비공식용어)은 노래할 때 목소리를 떨리게 하는 기교를 이야기합니다. 단, 악기에는 사용하지 않습니다. 정리하자면 비브라토는 공식적인 음악 전문 용어로 이탈리아어에서 기원하였으며 전세계에서 모두 공통으로 사용하고, 바이브레이션은 사실 음악용어가 아니라 물리적으로 '진동'이라는 뜻으로 쓰이는 영어 단어인데 한국 대중가요계에서만 쓰이는 비공식적인 콩글리쉬입니다.

우리나라에서는 음의 떨림을 활용한 기교를 바이브레이션이라고 부르지만 정식 음악 용어이면서 정확한 뜻을 가진 비브라토라고 쓰는 것이 적합한 단어 선택입니다.

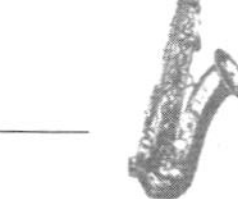

비브라토의 종류

턱 비브라토

아래 턱을 위 아래로 움직이면서 음정의 변화를 줍니다.
'아~아~아~아~'처럼 소리 냅니다.

목 비브라토

과거에 한때 유행처럼 많이 애용되었던 '갸~갸~갸~갸~'처럼
소리내는 방법입니다. 이후에는 잘 쓰이지 않고, 색소폰보다
플루트를 연주할 때 자주 사용됩니다.

입술 비브라토

마치 '와~와~와~와~'를 소리내는 모양으로 입술을 움직이
는데, 앙부쉬르에 변화를 줄 수 있기 때문에 좋은 비브라토
소리를 만들어 내기가 상대적으로 어려운 방법입니다.

횡경막 비브라토

복근을 이용하여 횡경막의 움직임을 조절하여 '헛~헛~헛~
헛~' 하듯 비브라토를 만들어내는 방법으로 색소폰보다는
오보에나 플루트, 금관악기에 자주 사용됩니다.

비브라토는 크게 네 가지 종류가 있지만, 여기서 색소폰에 가장 적합한 방법으로는 '턱 비브라토'입니다.
비브라토는 매우 고난도의 기술이기 때문에 오랜 연습이 필요합니다.

턱 비브라토

턱 비브라토(Jaw Vibrato)를 할 때 턱이 움직이는 것을 느껴보기 위해 윗니로 아랫입술을 살포시 깨물고 아래턱을 위아래로
움직여봅니다. 아랫 입술을 자근자근 씹는다는 느낌을 가지고 빠른 속도로 혹은 느린 속도로 움직여보세요. 조금 익숙해졌을
때 마우스피스를 물고 '솔' 혹은 '도'음을 소리 내 보면서, 아래턱을 규칙적으로 위아래로 움직여봅니다.

비브라토 연습방법

비브라토는 연습 시간 이외에 따로 시간을 내어 연습하도록 하며 꼭 메트로놈과 함께 연습하세요.
되도록 익숙해질 때까지 매일 연습하는 것이 좋습니다.

연습을 조금씩 진행하면서 노래를 할 때 비브라토를 어떻게 넣으면 멋진 노래가 될지 상상해보며 스케일 혹은 연습곡에 비브라토를 적용해보세요. 특히 유명한 연주자들의 비브라토를 잘 들어보며 따라해 본 후, 내 것으로 만드는 노력을 하다보면 언젠가 멋진 비브라토와 함께 연주하고 있을 것입니다.

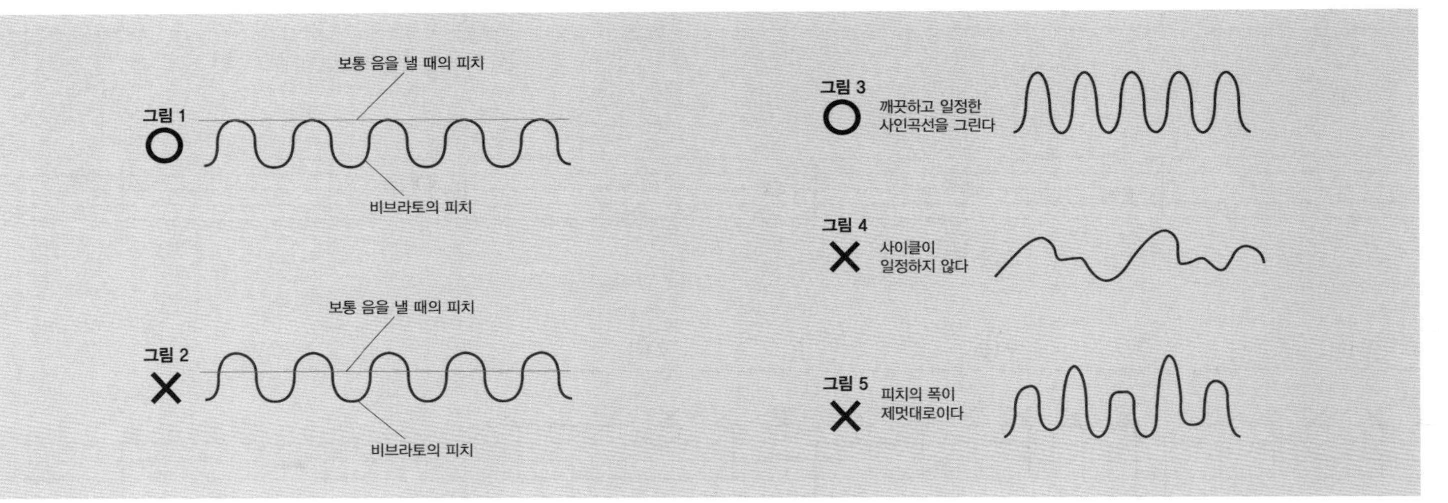

연습 TIP

1 \ 매일 반복 연습합니다.
2 \ 느린 속도로 시작해 빠르고 정확한 운지로 연습합니다.
3 \ 메트로놈에 맞춰 ♩= 60~140까지 점점 속도를 내어 정확하게 연습합니다.

매일 필요한 비브라토 연습

비브라토를 넣고 싶은 부분에 자유롭게 표현되기 전까지는 꼭 메트로놈과 함께 규칙적인 연습을 해야 합니다.

지시된 음과 리듬을 잘 보고 연습하세요. 멜로디는 악보에 그려져 있는 음 뿐만 아니라 다양한 음정을 적용하여 연습합니다.

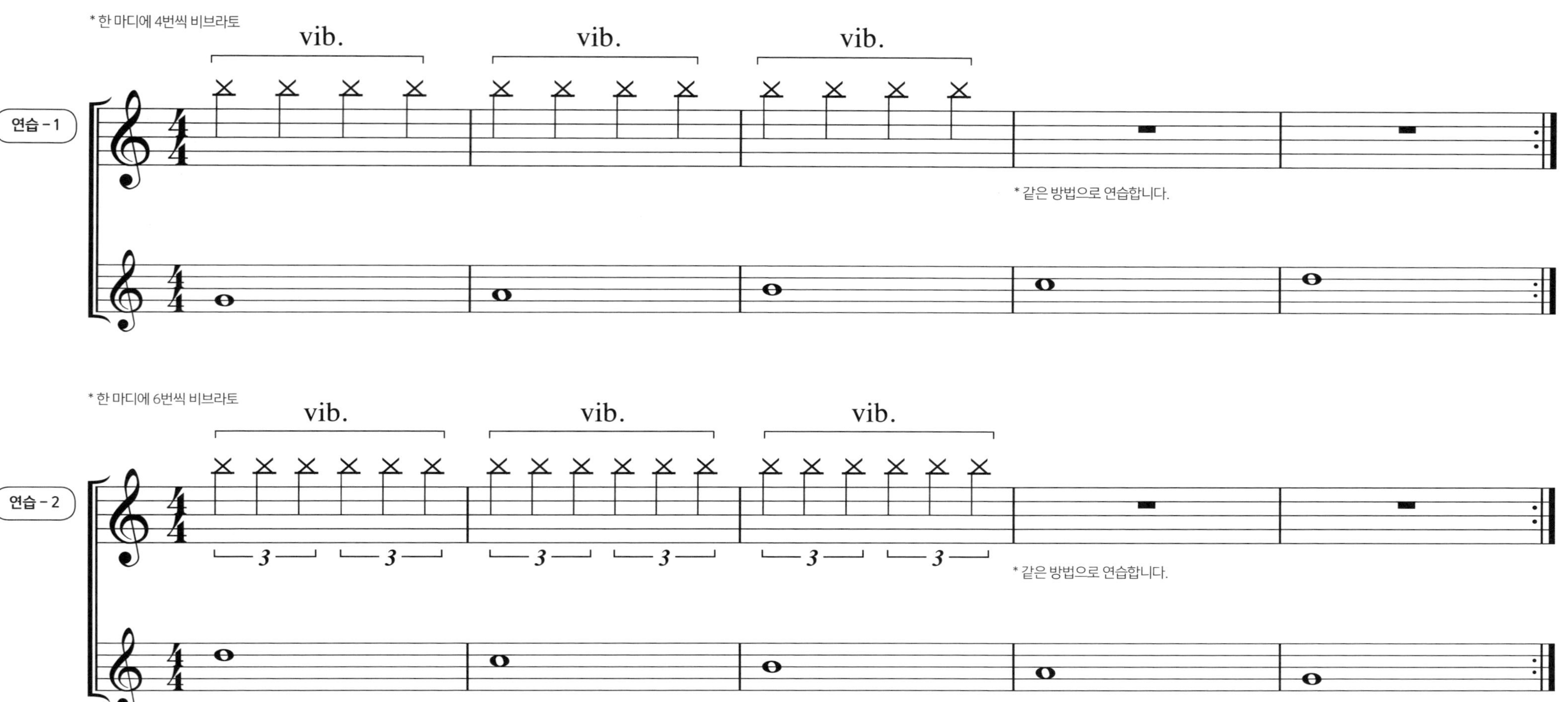

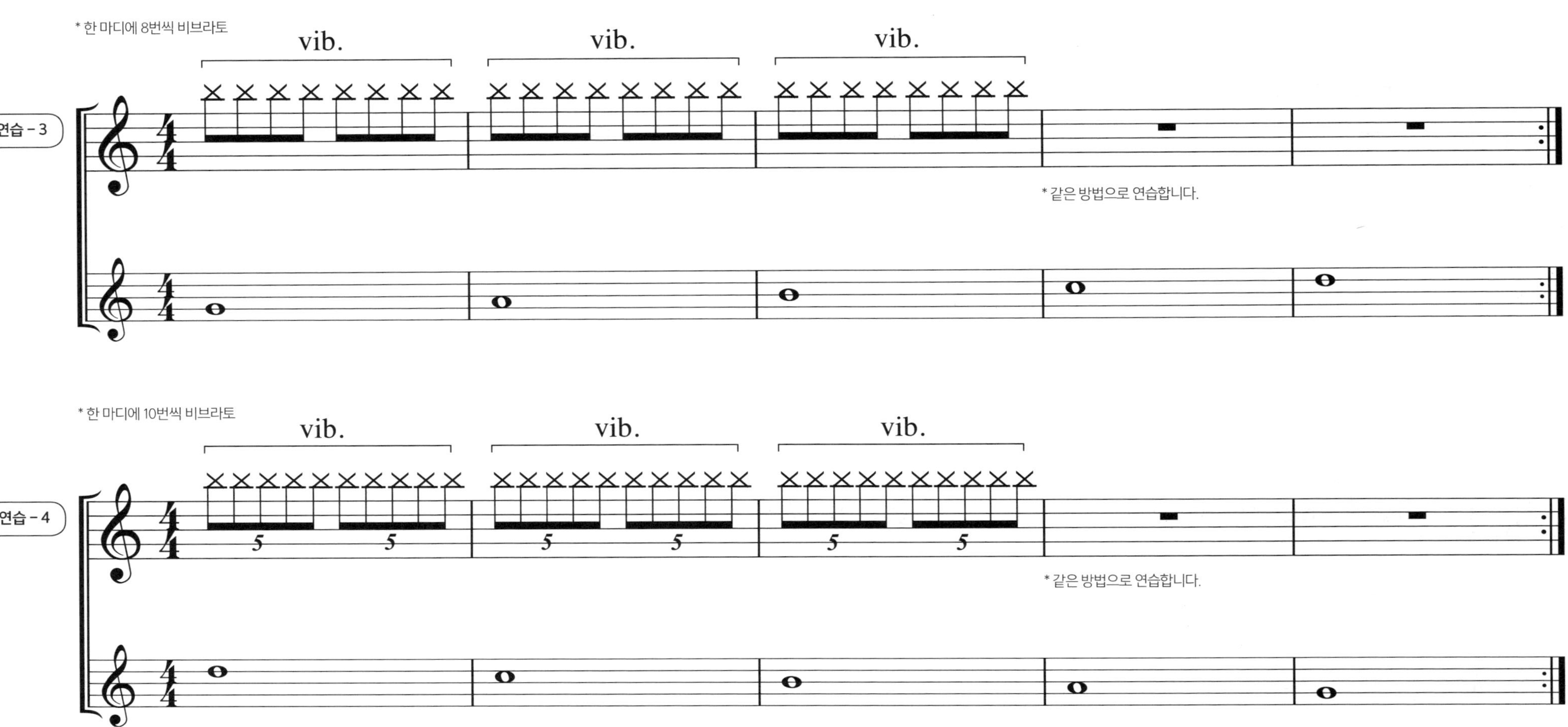

연습 – 3
* 한 마디에 8번씩 비브라토
vib.
vib.
vib.
* 같은 방법으로 연습합니다.
연습 – 4
* 한 마디에 10번씩 비브라토
vib.
vib.
vib.
5 5 5 5 5 5
* 같은 방법으로 연습합니다.

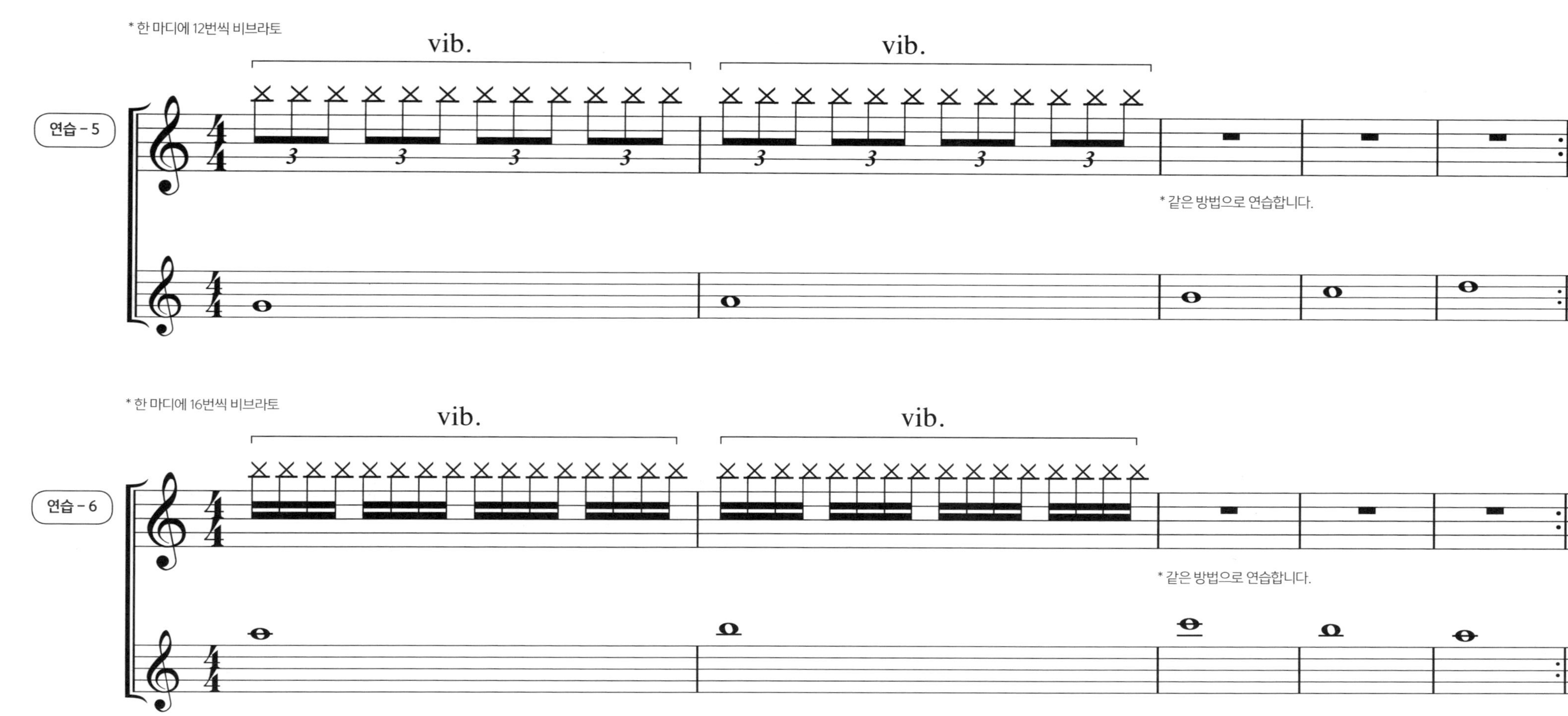
연습 - 5
* 한 마디에 12번씩 비브라토
vib.
vib.
3 3 3 3 3 3 3 3
* 같은 방법으로 연습합니다.
연습 - 6
* 한 마디에 16번씩 비브라토
vib.
vib.
* 같은 방법으로 연습합니다.

곡을 더 멋지게 해 줄 비브라토 연습

비브라토를 넣고 싶은 부분에 자유롭게 표현되기 전까지는 꼭 메트로놈과 함께 규칙적인 연습을 해야 합니다.

지시된 음과 리듬을 잘 보고 연습하세요. 멜로디는 악보에 그려져 있는 음 뿐만 아니라 다양한 음정을 적용하여 연습합니다.

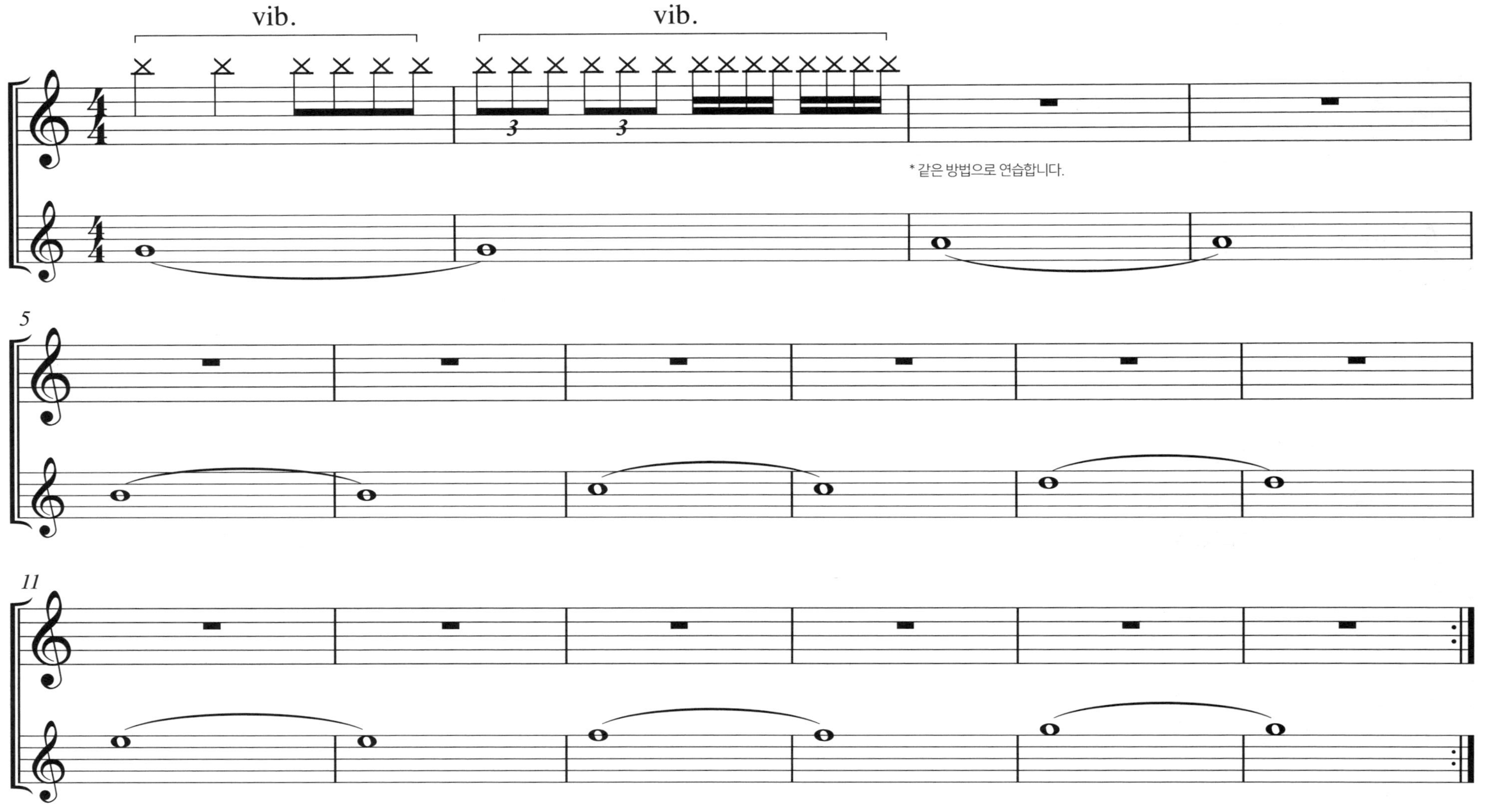

끝 음 완성을 위한 비브라토 연습

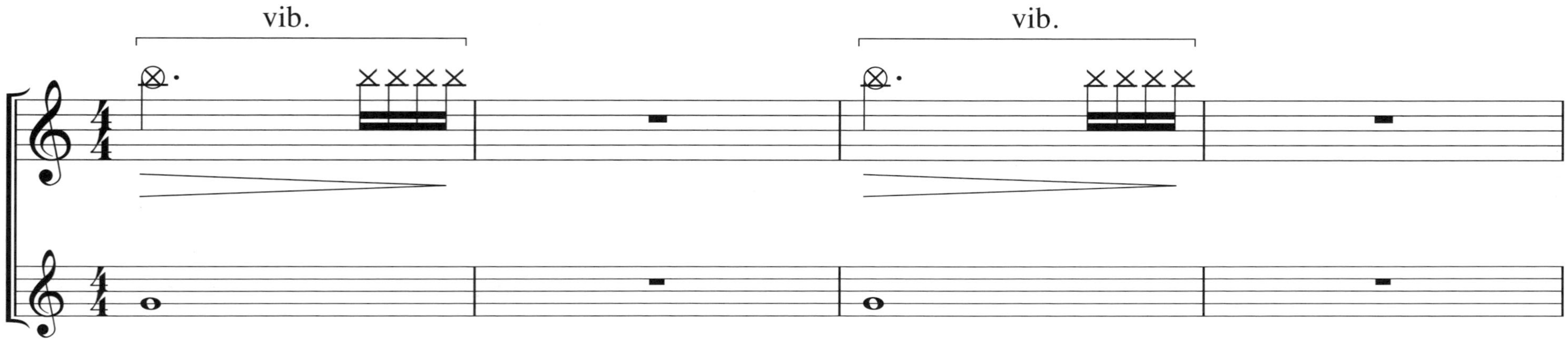

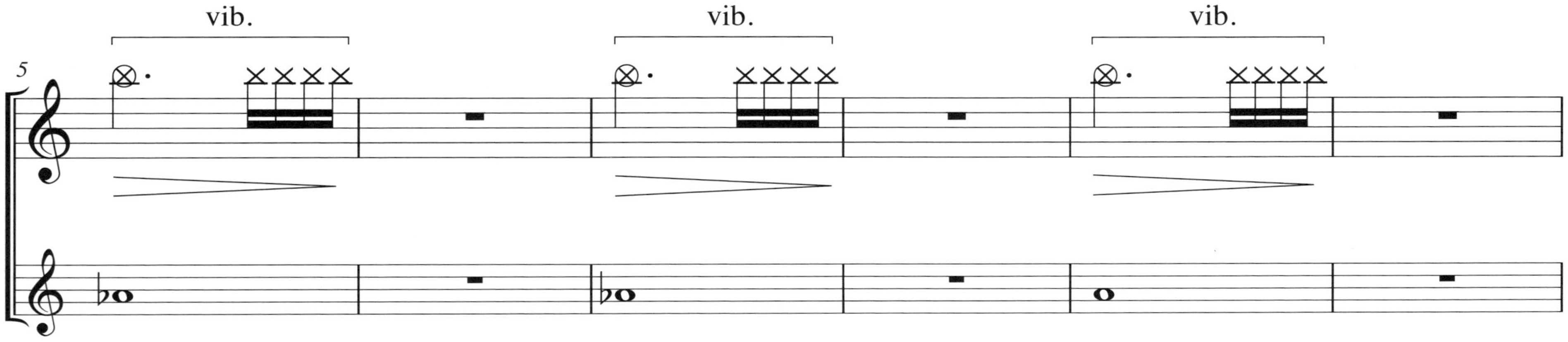

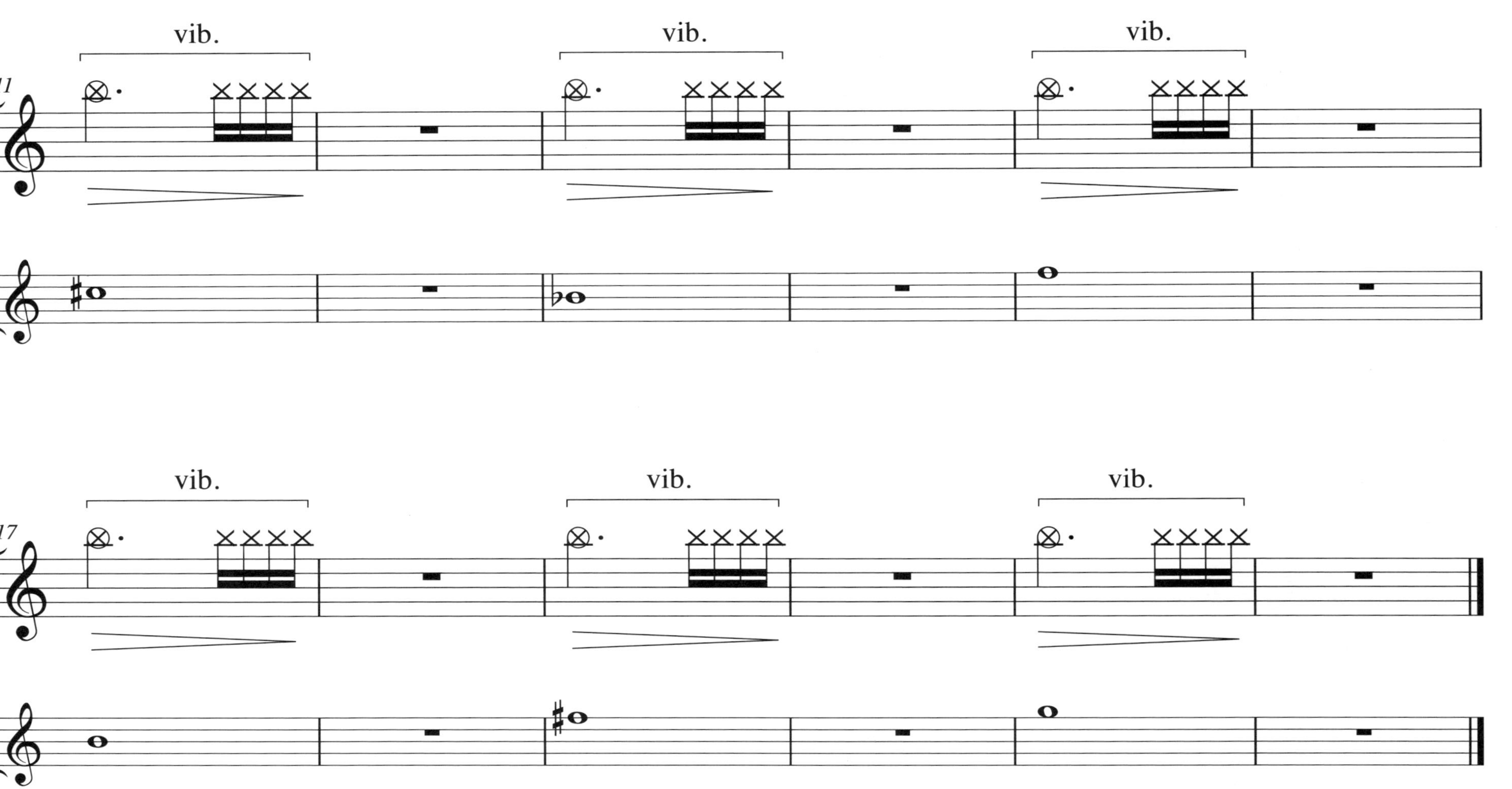
vib.
vib.
vib.
vib.
vib.
vib.
11
17

PART. 6

리듬 트레이닝

색소폰 연주를 위한
리듬 연습

색소폰 연주를 위한
리듬 연습

색소폰을 연주할 때
많이 어려워하는 박자를 집중 연습할 수 있도록
다양한 예시가 준비된 리듬 트레이닝입니다.

연습 TIP

1 \ 매일 반복 연습합니다.
2 \ 느린 속도로 시작해 빠르고 정확한 운지로 연습합니다.
3 \ 메트로놈에 맞춰 ♩= 60~180까지 점점 속도를 내어 정확하게 연습합니다.

기본 리듬

저음

고음

엇박자

연습 - 1

연습 - 2

연습 - 3
5
연습 - 4
5

엇박자

고음

연습 - 1

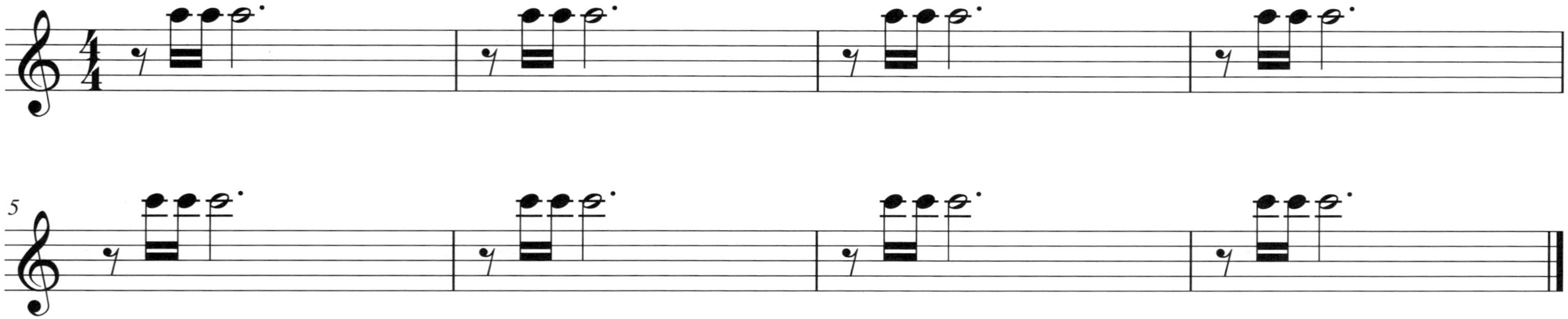

연습 - 2

연습 - 3
5
연습 - 4
5

부점

스타카토

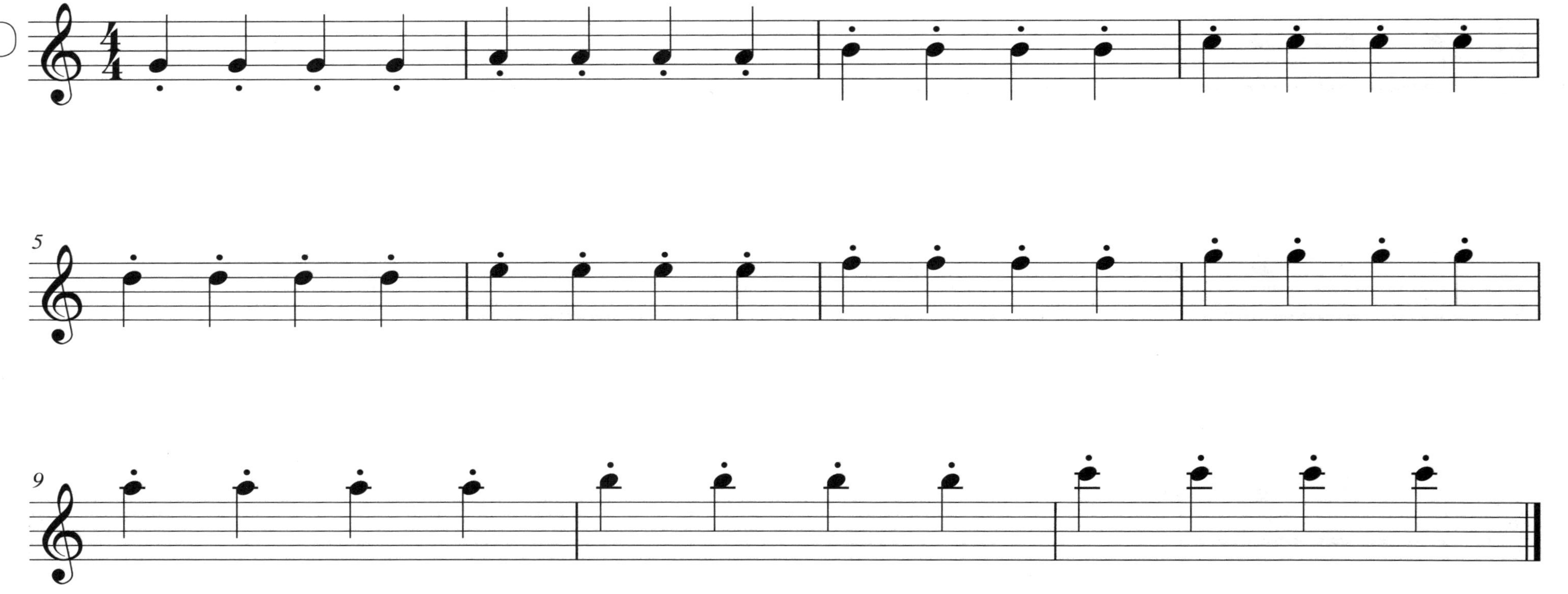

연습 - 2

연습 - 3

연습 - 4

연습 - 5

저자 약력

이은용

중앙대학교 관현악과 졸업
Berklee College of Music 졸업
한전아츠풀 콩쿨 1등
Chongshin University in U.S.A. 전임강사 역임
현 Modern Clazzi Music Institute 대표
현 한국기독교음악대학 실용음악과 교수
음반 〈Beyond the Road〉(2016)
저서 〈색소폰 축가곡집(결혼하는 날)〉(스코어 刊)
　　〈이은용의 색소폰 명곡집〉(스코어 刊)

박각규

백제예술대학 실용음악과 색소폰 전공
나사렛대학교 실용음악과 색소폰 전공
특전사 군악대 전역
Ionaworks 색소폰 송마스터 제작참여, 강사

SAXOPHONE HANON

색소폰 하농

발행일 2017년 3월 20일
저자 이은용, 박각규

편집진행 유경아 · **편집책임** 윤영란 · **디자인** 우선영
영업 현석호, 신창식 · **관리** 남영애, 김명희

발행처 스코어
발행인 정상우
출판등록 2012년 6월 7일 제 313-2012-196호
주소 서울시 은평구 증산로 9길 32(03496)
전화 02)333-3705 · **팩스** 02)333-3748

ISBN 979-11-5780-085-8-13670

©2017 SCORE All rights reserved.
스코어는 (주)태림스코어의 실용음악분야 브랜드입니다.

이 책의 무단 전재와 복제를 금합니다. 파본은 구입하신 곳에서 교환해 드립니다.